JE PÈTE, DONC JE SUIS

Crédits :
Pour l'édition d'origine :

Original edition published by Chronicle Books LLC
under the title THE FART TOOTORIAL
Chronicle Books LLC
680 Second Street
San Francisco, California 94107
www.chronickebooks.com

Pour l'édition française :
www.glenatbd.com

Dépôt légal : octobre 2014
ISBN : 978-2-7234-9785-5 / 001
Achevé d'imprimer en Italie en août 2014 par L.E.G.O. S.p.A.

JE PÈTE, DONC JE SUIS

ILLUSTRATIONS
TEBO

TEXTES
BEN APPLEBAUM
DAN DISORBO

Glénat

Sommaire

Introduction

Nous pouvons être sûrs d'une seule chose en ce monde : vous pétez.
Mais connaissez-vous les faits concernant vos pets ? Vous savez sans doute qu'ils sentent mauvais et produisent des bruits ridicules, mais savez-vous vraiment pourquoi et comment ? Savez-vous quel genre de pets vous avez émis aujourd'hui ? Savez-vous quoi en faire une fois qu'ils ont été lâchés dans la nature ? Enfin, savez-vous pourquoi contrôler votre pétard est une entreprise si louable ?

Vous allez bientôt le découvrir.

Bien que la société se montre intolérante envers les pets (en particulier ceux des autres), ils n'ont absolument rien de négatif, d'embarrassant ou d'inconvenant.
Péter fait partie de la vie. D'ailleurs, les pets ne connaissent pas de frontières ; d'un bout à l'autre du globe, tout le monde pète – d'Angelina Jolie au prince William, en passant par votre prof de maths du lycée – même si on est en droit d'espérer qu'ils ne pètent

pas tous en même temps. Toutefois, tant que nous ne comprendrons pas vraiment ce que sont les pets et pourquoi nous en faisons, tant que nous n'apprécierons pas leurs particularités, leurs nuances et les différents modèles qui existent, l'espèce humaine sera éternellement condamnée aux ténèbres collectives du refoulement des pets.

À présent, nous allons sortir de l'ignorance. Ce guide va faire la lumière sur les mystères du derrière. Il vous accompagnera dans une quête de savoir et de développement personnel. Il va vous équiper des compétences nécessaires pour aérer une pièce, pour gagner au jeu du « C'est qui qui » et même, avec le matériel qui convient, pour mettre le feu à vos pets. Il va vous instruire et vous aider à devenir un as des gaz, une éminence des flatulences, un mammouth du prout. En bref, il va faire de vous un maître ès vesses.

Il est temps de faire péter la leçon…

… En prout pour la connaissance !

« Il n'est pas nécessaire d'être intelligent pour rire des pets,
mais il faut vraiment être idiot pour ne pas en rire. »

Louis C.K.

Chapitre 1

Pour commencer :

CARACTÉRISTIQUES PRINCIPALES DES PERLES GAZEUSES

Qu'est-ce qu'un pet, au juste ? Comment est-il produit ? Pourquoi n'en parle-t-on pas plus souvent ? Qui l'a senti ? Et qui l'a lâché ? Pourquoi les pets sont-ils si drôles ? Ces questions hantent l'humanité depuis des siècles. Mais ne vous inquiétez pas, les réponses que nous allons vous apporter dans ces pages devraient bâtir de solides fondations pour votre connaissance des gaz – ou vos études d'arts spasmodiques, si vous préférez.

Qu'est-ce qu'un pet ?

Au sens littéral, un pet est un mélange de gaz produits par la digestion et expulsés par le rectum. (On aurait pu se douter que la science allait rendre les pets ennuyeux.)

Pour en donner une définition plus imagée, un pet est une extraordinaire explosion de gaz qui est aussi une explosion d'émotions, de culture, de biologie et même d'histoire. Les pets nous rappellent que nous sommes à la fois des animaux et des êtres sociaux. En d'autres termes, les pets nous rattachent au monde.

Les pets existaient déjà avant l'apparition de l'Homme. Les premiers primates et, dans un temps encore plus ancien, les dinosaures pétaient.

Certains scientifiques pensent carrément que les pets des dinosaures sont peut-être la cause du réchauffement climatique qui a conduit à leur extinction. Et les pets étaient là avant même l'émergence de la vie sur Terre. Le Big Bang peut être considéré comme le pet originel de l'univers.

Mais nous ne sommes pas là pour faire des suppositions ; nous sommes là pour vous instruire au sujet des pets et, plus précisément, de vos propres pets. Les *Homo sapiens* pètent depuis la nuit des temps ; ils pétaient avant même de savoir ce qu'est le temps. Et les *Homo sapiens* femelles avaient beau le nier, elles pétaient aussi. Aujourd'hui, des millions d'années plus tard, tous les humains continuent de péter quotidiennement, dès la naissance. C'est le cercle de la vie.

Voilà donc ce qu'est un pet.

• FAIT SUR LES PETS •

Les humains pètent, en moyenne, 10 à 14 fois par jour (et par nuit). Ce qui produit environ 40 oz., soit 12,5 cl de gaz... donnant une signification nouvelle à la chanson « *40 oz. to Freedom* ».

Pourquoi appelle-t-on un pet un « pet » ?

Le mot « pet » date du XIIIe siècle. Il vient du latin *peditum*, du verbe *pedere*, « péter ». (Dans le monde médical, on parle tout simplement de « gaz ».)

Un terme plus recherché pour ce fabuleux mélange de gaz est « flatuosité », apparu dans notre langue au XVIe siècle. Mais nous avons autant de goût pour le mot « pet » que pour l'action de péter. Il est plus ancien, plus court et pratiquement onomatopéique – c'est-à-dire qu'il a un son proche de la chose qu'il désigne. À partir de cette page, nous allons donc nous concentrer exclusivement sur les pets et laisser les flatuosités dans leur tour d'ivoire.

Un pet portant un autre nom aurait-il une odeur aussi nauséabonde ? Nous pensons que non.

Qu'y a-t-il dans un pet ?

Invisibles à l'œil nu, les pets contiennent l'équivalent d'un ballon de gaz réunis dans un cocktail fraîchement préparé par votre barman interne. Ils ont une température moyenne de 37 °C (la même température que le péteur, généralement) et sont constitués de

• FAIT SUR LES PETS •

Café et combustion. Le café – ou plus précisément la caféine – ne provoque pas de flatulences en soi, mais il peut entraîner un relâchement des muscles du sphincter, ce qui augmente la fréquence des pets accidentels. Fort de café, n'est-ce pas ?

gaz courants comme l'azote, le dioxyde de carbone, l'hydrogène, l'oxygène et, quelquefois, le méthane. S'y ajoute toute une galerie de gredins malodorants : soufre, sulfure d'hydrogène, méthanethiol, sulfure de diméthyle, scatole, ammoniac et indole.

azote : 20 à 90 %	dioxyde de carbone : 10 à 30 %	hydrogène : 0 à 50 %
oxygène : 0 à 10 %	méthane : 0 à 10 %	autres gaz : quantités infimes

Les proportions relatives de ces gaz dépendent de ce que vous avez mangé, de la quantité d'air que vous avez avalée, du genre de bactéries que vous avez dans les intestins et du temps que vous avez retenu le pet.

Pourquoi pétons-nous ?

Tout le monde pète, y compris les personnages de la série télévisée *Drôle de vie* : Mrs Garrett, Jo, Blair et Tootie (qui ne doit sans doute pas son surnom au hasard : Tootie pourrait se traduire par Pétounette, puisque *toot* veut dire « prout »…). Péter permet à votre corps de se débarrasser des gaz indésirables de votre côlon, des tiraillements indésirables dans vos intestins et des gens indésirables dans votre entourage. Si vous êtes en bonne santé, péter fait partie de votre vie quotidienne au même titre que manger et respirer. C'est d'ailleurs essentiellement en mangeant et en respirant que vous générez des gaz.

FAIT SUR LES PETS

Bien que ce ne soit sans doute que du vent, certains faits (sujets à caution) semblent indiquer que les Romains de l'Antiquité croyaient en un dénommé Crepitus, dieu des pets et de tout ce qui concerne les gaz. Pour ne pas être en reste, les Grecs étaient connus pour comparer le bruit du tonnerre à celui de flatulences célestes – c'est génial, même les dieux pètent !

1. En mangeant

La décomposition d'aliments qui n'ont pas été digérés

Quand votre corps n'arrive pas à digérer certains féculents, les bactéries du gros intestin se chargent de les désagréger et produisent des gaz par la même occasion. (Ainsi, en un sens, ce n'est pas vous qui créez ces pets, mais les micro-organismes qui sont en vous.)

2. En respirant

L'air aspiré dans le système digestif

À chaque fois que de l'air entre, il va falloir que de l'air sorte. Ça s'appelle l'aérophagie, pour employer le terme élaboré, et ça survient lorsque l'on mange vite, que l'on mâche du chewing-gum, que l'on fume ou que l'on porte un dentier mal ajusté. En fin de compte, on se retrouve avec plus de gaz dans le slibard.

Perle de sagesse

« Flageolets, flageolets, si bons pour votre cœur,
Lorsque vous en mangez, vous pétez de bonheur.
Flageolets, flageolets, en avant la musique,
Lorsque vous en mangez, vos prouts sont fantastiques.
Et puisque faire des prouts, ça nous fait tant de bien,
Mangeons des flageolets, midi, soir et matin ! »

Une personne pleine de bon sens et de flatulences

D'où viennent les pets ?

Après « D'où viennent les bébés ? » et « Qui a lâché Médor ? », c'est la question la plus courante au monde. Pour y répondre, nous allons devoir faire un petit voyage dans l'extraordinaire univers de votre système digestif. Mettez vos lunettes de protection, s'il vous plaît, et suivez-nous. Par ici la visite !

1. Consommez

Fourrez à boire et à manger dans votre boîte à camembert et mâchez. La mastication et la production de salive aident à réduire les aliments ingérés en petits morceaux pour vous éviter de vous étouffer quand vous avalez.

2. Avalez

Ensuite, les aliments mâchés – ainsi qu'une certaine quantité d'air – passent de votre bouche à votre œsophage par la gorge (alias le pharynx). En gros, l'œsophage est un tube musculaire qui pousse les aliments vers votre estomac.

3. Digérez

Une fois que les aliments mâchés entrent dans votre estomac, ils sont tournés dans tous les sens en étant bombardés d'enzymes qui digèrent les protéines, et aussi d'acides puissants qui les réduisent en bouillie semi-liquide appelée bol alimentaire. Le bol descend ensuite dans votre intestin grêle, où la majeure partie de la digestion et de l'assimilation a lieu.

4. Laissez fermenter

Les déchets restants passent ensuite dans votre gros intestin, où ils fermentent pendant qu'ils sont répartis entre liquides et solides. Le processus de fermentation produit également une foule de gaz (oui, les pets sont littéralement le résultat d'une fermentation) qui sont absorbés par le corps ou…

5. Relâchez

Tout gaz en excès descend rapidement vers votre rectum et sort par votre anus (alias le canon). Délicieux soulagement !

FAIT SUR LES PETS

Bien que l'on étudie les harengs depuis des décennies, le fait qu'ils sont capables de péter a été découvert il y a quelques années seulement. Le docteur Ben Wilson, de la Scottish Association for Marine Science (au Scottish Marine Institute, en Écosse), s'est aperçu que ces poissons pètent alors qu'il effectuait des recherches au Canada. Son étude pionnière avance que ces poissons émettent des gaz pour communiquer. Le docteur Wilson a baptisé ce phénomène le « PRT de hareng » (*Herring FRT*) car, a-t-il expliqué, il n'a pas trouvé de mots commençant par O et par U et a donc dû se contenter de PRT, sigle mis pour « Prompte Répétition de Tics ».

Quels aliments produisent le plus de gaz ?

Comme on ne trouve pas deux systèmes digestifs identiques, il n'y a pas de règle absolue concernant les aliments flatulents, c'est-à-dire les aliments qui vont vous faire péter. Mais on peut tout de même identifier des lignes directrices.

1. Les aliments riches en glucides produisent de grands volumes de gaz

Les plus célèbres auteurs de délits olfactifs, comme les flageolets, le chou et le brocoli, contiennent tous un glucide indigeste appelé la raffinose – alias la revanche de la nature. En outre, les sucres comme le fructose et le sorbitol, qui sont naturellement présents dans les fruits et ajoutés artificiellement dans les édulcorants, et surtout les féculents et les fibres solubles, produisent tous des prouts. L'ironie de l'affaire, c'est que les aliments les plus sains sont en fait ceux qui causent le plus de gaz. Nous sommes donc obligés de conclure que péter, c'est bon pour la santé. Et que la nature adore les pets, elle aussi.

• FAIT SUR LES PETS •

Seule une personne sur trois produit des pets qui contiennent du méthane. Le méthane vient des archées, ou archéobactéries, des micro-organismes qui se trouvent dans les intestins humains. Même si le méthane ne modifie pas nécessairement la fréquence des pets, il peut affecter leur odeur et parfois leur inflammabilité (voir page 119).

JE PÈTE – Certifié – CONCOURS – vrai… – DONC JE SUIS

LES PETS CONTRE LES ROTS

Roter, pour votre corps, est l'autre moyen de libérer les gaz produits lors de la digestion. Bien qu'ils semblent similaires, les rots et les pets n'ont pas vraiment de rapport – ce sont des cousins à la mode bretonne, tout au mieux. Si la principale différence est évidente, espérons-nous (les pets sont expulsés par le bas et les rots par le haut), bien d'autres points les distinguent. Les gaz d'un pet émanent de votre gros intestin, tandis que ceux d'un rot viennent essentiellement de votre estomac et de votre œsophage. Un rot provoque une vibration du sphincter du haut de l'œsophage, alors qu'un pet provoque une vibration du sphincter anal. Le seul point commun, c'est ce qui s'ensuit : soulagement physique et fou rire hystérique. (Cela dit, nous avons prouvé grâce à nos recherches que les pets sont nettement plus drôles.)

2. Les boissons pétillantes sont bourrées de gaz

Il paraît logique que l'ingestion de liquides contenant du gaz dissous, comme les sodas et la bière, introduise encore plus de gaz dans le système digestif. Bienvenue dans l'affreuse réalité des pets à la bière.

• FAIT SUR LES PETS •

D'après sir Richard Francis Burton, explorateur et linguiste britannique, une tribu de Bédouins d'Arabie a créé tout un langage de codes et d'avertissements mystérieux au moyen d'une série de pets subtilement nuancés.

3. Des invités spéciaux produisent en sus des odeurs spéciales

Certains aliments ne génèrent pas plus de gaz, mais peuvent créer des composés gazeux qui renforcent la puanteur de l'émission. En tête de liste, on trouve le chou-fleur, les œufs et la viande.

4. Les produits laitiers peuvent faire les deux

Pour beaucoup de gens, les produits laitiers aggravent le problème en ajoutant de mauvaises odeurs supplémentaires. Pour d'autres, en particulier parmi les gens d'origine africaine, amérindienne,

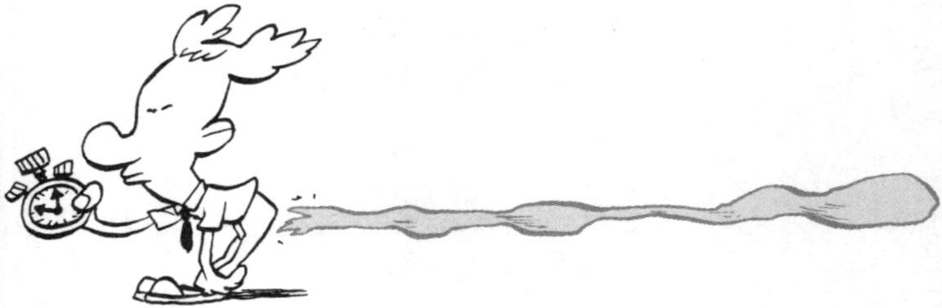

• FAIT SUR LES PETS •

D'après le *Guinness des records du monde*, l'Italien Michele Forgione (alias Rutt Mysterio) a réussi le rot le plus long le 16 juin 2009. Son rot a duré 1 minute, 13 secondes et 57 millisecondes. Le Londonien Bernard Clemmens, quant à lui, détient le record du pet le plus long avec un temps officiel de 2 minutes et 42 secondes. Prenez ça dans les dents, les rots !

asiatique ou sicilienne, cela augmente aussi la fréquence des pets, car leur corps ne peut pas digérer le lactose, sucre présent dans le lait. L'intolérance au lactose peut entraîner une production de gaz plus élevée et des plaintes plus vives.

MA PYRAMIDE DES GAZ

MIEUX PÉTER EN 3 ÉTAPES

1 - ALIMENTS GÉNÉRATEURS DE GAZ

Flageolets	Brocoli	Chou
Son d'avoine	Oignons	Fruits à noyau
Raisins secs	Patates douces	Pain complet

2 - ALIMENTS GÉNÉRATEURS DE « PARFUM »

Chou-fleur	Fromage	Œufs	Lait	Viande rouge

3 - BOISSONS GÉNÉRATRICES DE GAZ

Bière	Vin rouge	Soda

• FAIT SUR LES PETS •

Le riz est le seul féculent qui ne donne pas de gaz.

Qu'est-ce qui réduit les gaz ?

Pour bien maîtriser le pet, il ne faut pas seulement savoir ce qui le provoque, mais aussi ce qui peut le limiter. Vous trouverez ci-dessous les trois principales tactiques que l'on peut employer pour zapper les vesses.

1. MANGEZ PLUS D'ALIMENTS « SANS DANGER »

Viandes maigres, riz, carottes, yaourts avec des probiotiques, jus de citron.

2. AVALEZ MOINS D'AIR

Mangez plus lentement, ne fumez pas, évitez les chewing-gums, limitez votre anxiété d'une manière générale, arrêtez de parler une minute, bon sang !

Perle de sagesse

« Dans le feu d'une conversation, il arrivait que quelqu'un émette des gaz, libérant une puanteur extrême, intolérable. Là-dessus, tout le monde éclatait de rire. »

Mark Twain

3. PRENEZ DES CACHETS

Les suppléments favorisant la digestion, comme Beano, contiennent une enzyme dérivée d'une plante qui aide à décomposer la raffinose, réduisant ainsi la production de gaz.

À LA RECHERCHE DU VENT PERDU

LA QUÊTE DU GOUROU DES GAZ

À travers l'histoire, un voile d'incompréhension a toujours flotté sur le sujet des flatulences. Stephen Bloom, journaliste et professeur d'université, a entrepris de discréditer ces mythes grâce à des recherches poussées.

« Il y a peut-être cinq cents ans, les pets ne posaient guère de problème. Ils n'en posent toujours pas dans certaines cultures, déclare Bloom. Mais depuis un siècle, chez les Américains de la petite et de la haute bourgeoisie, les pets paraissent inconvenants en société. » Et, comme tout ce qui n'est pas compris ou discuté ouvertement, une foule de mythes infondés et de mensonges obscurcissent nos esprits et conduisent la société à tirer des conclusions erronées.

Ce paradoxe de notre époque moderne a poussé M. Bloom à se mettre en quête de la vérité sur les prouts. Il a trouvé un pionnier érudit et plein de sagesse, une autorité en matière de flatulences : le docteur Michael D. Levitt, gourou des gaz, un gastro-entérologue qui a fait des recherches sur les pets pendant plus de cinquante-cinq ans. « Dans d'autres pays, jamais un scientifique n'étudierait les pets, dit Levitt. Mais aux États-Unis, pour des raisons que je n'arrive pas très bien à déterminer, les pets sont considérés comme quelque chose de mal qui préoccupe les gens. Moi, les pets m'ont réussi. »

Le docteur Levitt a contribué à la science du pet par des publications nombreuses et détaillées. Il est allé jusqu'à capturer des pets dans un pantalon en polytéréphtalate d'éthylène (un plastique bien choisi puisqu'on l'appelle aussi le PET) conçu spécialement afin de pouvoir mesurer et étudier correctement la composition matérielle des pets. L'autre invention fondamentale de Levitt concernant les pets est une sorte d'alcootest pouvant détecter les signes précoces de flatulence. « Ce qui se passe à un bout de l'autoroute alimentaire, explique Levitt, peut révéler beaucoup de choses sur ce qui se passe à l'autre bout. » En fin de compte, les articles de M. Bloom et les recherches du docteur Levitt ont aidé à défricher le chemin vers la vérité et, avec un peu de chance, favoriseront l'avènement d'une société plus tolérante.

• FAIT SUR LES PETS •

Le docteur Levitt est le père du célèbre Steven Levitt, l'auteur de *Freakonomics* Après ce traité d'économie insolite, à quand un livre sur la « pétonomie » ?

Pourquoi certains pets sentent-ils mauvais ?

Il est temps de nous intéresser à l'odeur de nos pets. Vous serez peut-être étonnés d'apprendre que les cinq principaux gaz qui les composent (l'azote, le dioxyde de carbone, l'hydrogène, l'oxygène et le méthane)... sont tous inodores !

Les mauvaises odeurs proviennent donc d'autres gaz, présents en quantités infinitésimales – des composés à base de soufre, pour la plupart. Voici la liste de ce qui ajoute une puissante pestilence à vos perles :

NOM DU COMPOSÉ	DESCRIPTION DE L'ODEUR
sulfure d'hydrogène	oeuf pourri
méthanethiol	chou pourri
sulfure de diméthyle	poisson
scatole et indole	fécès
ammoniac	forte odeur âcre
acide butyrique	beurre rance

• FAIT SUR LES PETS •

Si vous buvez des boissons gazeuses avec une paille, vous allez augmenter encore plus la fréquence de vos pets.

Pourquoi les pets font-ils un bruit si rigolo ?

Nombre de sécrétions du corps sentent mauvais (vous reprendrez bien un peu de jus de chaussette ?), mais peu d'entre elles ont une odeur aussi affirmée. C'est ce qui rend les pets si fascinants... et si mystérieux en même temps. On ne verra rien de surprenant à ce que la plupart des gens attribuent le vacarme d'un pet à un retentissant claquement des fesses. La réalité est un peu plus profonde, au sens propre. C'est l'étroitesse du sphincter anal et la vélocité des gaz qui déterminent la tonalité du prout. Vos fesses, malheureusement, n'y sont pour rien. Le sphincter dit quoi ?

Perle de sagesse

« Qui note une mauvaise odeur dans ses braies jalouse la moindre ride sur le nez de son voisin. »

Benjamin Franklin

Perle de sagesse

« Rien que penser aux pets, ça me fait rire. Dire le mot "péter" me fait rire. Pet. Pour moi, il n'y a rien de plus drôle. »
George Clooney

• FAIT SUR LES PETS •

En Nouvelle-Zélande, les éleveurs d'animaux de boucherie doivent payer une taxe sur les pets : de cette manière, le gouvernement tente de réduire leurs émissions de gaz à effet de serre – en l'occurrence, de pets de vaches –, bien qu'en réalité le bétail ne soit responsable que de 20 % des émissions de méthane sur la planète. Toutefois, les scientifiques ont admis que ce sont les rots des animaux d'élevage, et non leurs pets, qui contribuent à ces émissions. Encore une victoire des pets contre les rots.

Pourquoi les pets sont-ils si marrants, à la fin ?

Comme nous le savons à présent, péter est une fonction naturelle du corps. De même que s'esclaffer ensuite. Notre action (péter) et notre réaction (rire) sont toutes deux inscrites dans notre ADN. Elles transcendent toutes les barrières, permettant aux gens de toutes les ethnies, toutes les cultures et toutes les classes sociales de se bidonner après un prout bien placé.

Ainsi, quels qu'en soient les aléas psychologiques ou culturels, il est réconfortant de savoir que l'espèce humaine se rassemble autour de ce point commun : le pet.

Afin d'analyser en profondeur pourquoi les déflagrations de votre derrière sont si drôles, nous avons consulté Nina Strohminger, une doctorante en psychologie de l'université du Michigan mondialement réputée pour ses recherches sur le comique du dégoût.

Pet tombal

L'empereur Claude a décrété un jour que « tous les citoyens romains auraient le droit d'émettre des gaz chaque fois que ce serait nécessaire ». Il est revenu dessus plus tard, en 315 apr. J.-C., peut-être parce que l'on voyait fleurir trop de taches sur les toges.

• FAIT SUR LES PETS •

Dans un entretien sur Vice.com, un proctologue new-yorkais a déclaré pratiquer des interventions chirurgicales pour modifier l'acoustique des pets de ses patients. Ce qu'on lui demande le plus souvent ? De donner un son plus grave aux prouts.

Qu'est-ce qui rend les pets amusants ?

Nina Strohminger : Le rire est une réaction courante face aux choses qui dégoûtent, dont les pets font évidemment partie. Ils ont aussi une part de tabou, car ils révèlent quelque chose du processus de la digestion, que nous sommes censés garder pour nous. Pardessus le marché, un bruit de pétarade sortant de votre postérieur paraît toujours un peu incongru et surprenant.

Dans quels cas un pet est-il juste dégoûtant, et dans quels cas est-il dégoûtant mais drôle ?

N.S. : Tout acte qui suscite la nervosité ou la tension nous rend plus susceptibles de rire. Alors le sentiment de dégoût que l'on éprouve devant les pets, même s'ils nous répugnent, augmente aussi les chances que l'on rie. Pour trouver un pet amusant, cela dit, il faut le considérer comme inoffensif. Si les flatulences mettent en péril quelque chose que vous prenez au sérieux (votre santé ou votre respectabilité, par exemple), elles ne vont pas vous amuser.

Dans quelle mesure l'humour relatif aux pets est-il un phénomène culturel ?

N.S. : Le charme des pets n'apparaît pas seulement à nos compatriotes américains ou à nos contemporains. On trouve des allusions plaisantes aux pets dans les œuvres d'Homère, Chaucer et Dante. Lorsque vous aurez compris que l'humour relatif aux pets est universel, il vous sera facile de vous débarrasser de cette idée fausse qui veut qu'il faille être immature pour trouver les pets amusants.

LES GRANDS MOMENTS D'HUMOUR

1900 av. J.-C. La plus ancienne blague attestée du monde est cette désopilante plaisanterie sumérienne : « Une chose qui ne s'est jamais produite depuis des temps immémoriaux : qu'une jeune femme ne pète pas sur les genoux de son mari. » Bon, je suppose que c'était drôle sur le moment.

v. 500 av. J.-C. *Les Cavaliers* et *Les Nuées*, deux pièces d'Aristophane qui comprennent de nombreuses blagues sur les pets, deviennent la coqueluche d'Athènes.

v. 54 ou 55 apr. J.-C. *L'Apocoloquintose*, ou *Transformation de l'empereur Claude en citrouille*, texte satirique écrit par Sénèque (4 av. J.-C.-65 apr. J.-C.) à la mort de l'empereur, contient cette fameuse boutade sur les gaz : « Voici les dernières paroles qu'il ait proférées ici-bas, après avoir émis un grand bruit par l'extrémité de sa personne qui s'exprimait le mieux : "Oh, quelle guigne ! Je crois que je me suis souillé." »

900 apr. J.-C. L'un des plus anciens manuscrits arabes (*Le Livre du conte des mille et une nuits*) contient un conte savoureux, intitulé « Le pet historique », au sujet d'un homme qui fuit le pays après avoir pété lors de son mariage – et qui, à son retour, découvre que son pet est l'événement le plus célèbre de l'Histoire.

PÉTOPHILE DANS L'HISTOIRE

1400 *Le Conte du meunier* de Geoffrey Chaucer présente l'une des plus célèbres occurrences de flatuosités dans la littérature anglaise ancienne, quand l'un des personnages pète au nez de son rival.

1781 Benjamin Franklin, dans sa lettre satirique intitulée « À l'Académie royale des pets », propose que l'Académie royale de Bruxelles travaille à donner aux pets une forme plus agréable.

1974 Mel Brooks grave sur pellicule le pet le plus fameux du cinéma dans son célèbre film *Le shérif est en prison*. (Notons que le titre original, *Blazing Saddles*, se traduit fort à propos par « Selles en feu ».)

Aujourd'hui Vous êtes en train de lire *Je pète, donc je suis* et vous venez d'en apprendre davantage sur le sujet que la plupart des gens dans toute l'histoire des pets. Fêtez ça comme il convient.

Pet tombal bis

La légende veut que vers la fin du XVIe siècle, Édouard de Vere, considéré un temps par certains comme le véritable auteur des pièces de Shakespeare, aurait laissé échapper des gaz alors qu'il s'inclinait devant la reine Élisabeth Ire. Mortifié, il partit en exil volontaire pendant plusieurs années. À son retour, la reine l'aurait, dit-on, salué d'un « Ah, monsieur le comte, nous avons complètement oublié votre pet ».

Pourquoi aimons-nous l'odeur des nôtres ?

Il est parfaitement naturel d'apprécier l'odeur rancie de nos propres gaz, tout comme celle des nouveau-nés ou des biscuits qui sortent du four. La véritable question n'est donc pas de savoir si nous aimons le fumet des produits de chez nous, mais pourquoi. Pour commencer par le plus élémentaire, nous sommes habitués aux odeurs et aux goûts de notre corps – nos pets représentent donc moins une agression extérieure sur nos sens que ceux des autres. Mais, à un niveau plus élevé, cela montre peut-être notre amour instinctif pour nos propres créations. Il existe toutefois une théorie plus étonnante : puisque votre côlon s'est peuplé des bactéries de votre mère durant votre naissance, votre œuvre n'est pas seulement de vous. Très juste : l'odeur de votre pet est en fait l'odeur de, eh oui... votre maman.

JE PÈTE Certifié CONCOURS vrai… DONC JE SUIS

NOS PETS CONTRE CEUX DES AUTRES

En fin de compte, les pets se divisent en deux catégories : les vôtres et ceux de quelqu'un d'autre. Voici un petit tableau pour vous aider à distinguer les deux.

NOS PROPRES PETS	LES PETS DES AUTRES
parfumés	putrides
mélodieux	dissonants
uniques	banals
délicats	grossiers
bienvenus	inopportuns
louables	répréhensibles
nous donnent la larme à l'œil	sont à pleurer

« Nous sommes sur Terre pour péter. »

Kurt Vonnegut

Chapitre 2

Taxonomie des vents :

CONNAIS TES PETS

Les pets, c'est un peu comme les flocons de neige et les empreintes digitales : il n'y en a pas deux pareils. En combinant les diverses proportions des gaz possibles avec les innombrables caractéristiques des pets, on se retrouve avec un nombre infini de possibilités. Toutefois, dans notre effort novateur pour classer et décrire les différents types de tromblons de pantalon, nous avons réussi à distinguer et cataloguer convenablement les plus représentatifs. Attention, il faut étudier ce chapitre avec soin, car une compréhension totale du phénomène est nécessaire pour devenir un expert des flatulences.

Caractéristiques des pets

Pour bien maîtriser les odes des antipodes, vous aurez besoin de connaître les facteurs qui contribuent au résultat final.

DENSITÉ ou « quantité de gaz »

Le volume effectif d'un pet est un espace en trois dimensions. En d'autres termes, c'est la taille de votre pet.

Caractéristique :

PRESSION ou « puissance »

Le rapport entre quantité de gaz expulsée et durée de l'expulsion. Accumuler de la pression est essentiel pour l'émission d'un beau pet.

Caractéristique :

TENEUR EN EAU ou « jus »

C'est l'humidité (ou la sécheresse) d'un pet. De nombreux facteurs y contribuent, notamment l'alimentation, la température du corps, les fluides intestinaux, ainsi qu'une affection qu'on appelle la transpiration fessière.

Caractéristique :

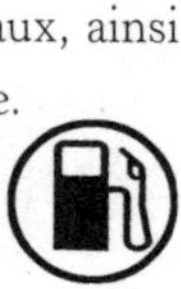

Bruit ou « tonalité »

Le son que produit un pet est déterminé par le calcul suivant : volume x pression x restriction.

Le degré de restriction dérive essentiellement des particularités anatomiques du sphincter anal de la personne.

Caractéristique : 

Odeur ou « puanteur »

La senteur d'un pet change suivant les proportions de chaque gaz contenu dans ledit pet. Comme pour le bon vin, chaque cru a un bouquet distinct.

Caractéristique : 

Durabilité ou « persistance »

C'est le temps où il reste dans l'air. Avec une forte densité et un taux d'humidité important, un pet peut rester dans l'atmosphère ambiante beaucoup plus longtemps que vous ne l'auriez imaginé – ou souhaité.

Caractéristique : 

Identifier différents modèles de pets

Le nom est un élément essentiel d'une marque. Il en va de même pour le nom des modèles, qu'il s'agisse de voitures, de chaussures ou de pets. Si nous parlons de « marque » ici, c'est qu'il s'agit de votre propre marque de fabrique, des pets que vous produisez vous-même.

L'identité d'une marque ou d'un modèle est constituée par la combinaison de son nom et de ses attributs. Nous avons catégorisé dans cette rubrique les plus reconnaissables du monde :

1 - Pets élémentaires

Le Pet quotidien ou le Rot du bas, le Bon Vieux Vent

Cherchez « pet » dans le dictionnaire et vous trouverez celui-ci, le modèle de base, qui fait un bruit de coussin péteur mais qui est authentique. C'est un gars ordinaire : il sort, se fait à peine remarquer, et disparaît.

Caractéristiques essentielles : 

Le Revenant ou le Déjà-pue, le Flashback rectal

Un pet fantôme : il a existé par le passé, mais il hante encore le présent.

Il vous arrive de le rencontrer quand vous retournez dans une pièce ou, plus pénible encore, dans une voiture garée par une chaude journée d'été. Vous ne gardiez qu'un vague souvenir de l'avoir émis précédemment, et son odeur vous fait un choc.

Caractéristiques essentielles : 

Le Réveille-Matin ou l'Alarme anale, le Cocorico

L'un des plus satisfaisants. C'est celui qui annonce à tout le monde que vous êtes réveillé. Ce pet a « fermenté » toute la nuit et il est prêt à démarrer la journée, comme vous.

Caractéristiques essentielles : 

La Lune de fiel ou les Affinités olfactives, le Cri du cœur

Celui-ci, ce n'est pas seulement un pet. C'est aussi une ultime épreuve pour votre couple : le premier pet que vous lâchez devant votre moitié. Ou bien il marque le début de la fin, ou alors ça sent le mariage. Ce cap à franchir en matière de tolérance anale est parfois appelé la barrière du pet.

Caractéristiques essentielles : 

LE SILENCIEUX ou le Missile furtif, la Senteur sournoise, le Pet honteux

Le nom parle de lui-même. Ce pet fait peu de bruit mais dégage une odeur extrêmement puissante. Il est si discret que, selon la situation, il faut le revendiquer avec énergie ou nier avec véhémence toute responsabilité.

Caractéristiques essentielles : 

2 - PETS SONORES

LA BAUDRUCHE ou la Bouffée d'hélium, le Couineur

Celui-ci fait exactement le même bruit qu'un ballon de baudruche lorsqu'on tire sur l'extrémité pour que l'air s'échappe avec un long criaillement strident. Il est souvent mignon à croquer.

Caractéristiques essentielles : 

LE CANARD ou le Caqueteur, le Colvert pervers

Au lieu de pétarader, celui-ci donne l'impression qu'un canard fait coin-coin dans votre arrière-train. Si vous êtes enclin à ce modèle-là, portez un gilet fluorescent pendant la saison de la chasse.

Caractéristiques essentielles : 

PETS DU MONDE ENTIER

Vous rêvez d'avoir un cul international ? Alors veillez à savoir comment on appelle un trémolo anal dans le jargon local pour montrer que vous êtes au parfum quand vous embaumerez le coin.

- Afrikaans >> baf
- Allemand >> furz
- Anglais >> fart
- Arabe >> darta
- Chinois >> fang pi
- Espagnol >> peo
- Grec >> klania
- Hindi >> paad
- Indonésien >> bom
- Italien >> scoreggia
- Japonais >> he
- Javanais >> pèvè
- Latin >> petum
- Néerlandais >> scheet laten
- Norvégien >> prupë
- Polonais >> bak
- Portugais >> pum
- Russe >> puk
- Suédois >> fjart
- Tagalog >> umutot

Langage des signes >> 

• FAIT SUR LES PETS •

« Nul ne montre autant d'art
Pour jouer de son pétard »
En 1607, des membres du Parlement anglais ont composé un poème intitulé « Le pet parlementaire », ode au vent qui fut émis lors d'un débat et considéré comme une protestation contre le roi Jacques Ier.

• FAIT SUR LES PETS •

Les pets des hommes sont plus volumineux que ceux des femmes. Voilà pourquoi ils semblent avoir une odeur plus forte. Mais en fait, les pets de femme contiennent plus de gaz sulfuriques, ce qui les rend plus nauséabonds que les pets d'homme - à volume égal, bien sûr. Désolés, mesdames !

La Grosse Caisse ou la Trom-pète, le Bourre-Slip mélodieux

Celui-là, il vous traverse à toute vitesse comme une balle de flipper : il ressemble au Pet quotidien, mais il a un son plus aigu et une tonalité plus mélodieuse. Attention, ne vous y fiez pas : il est mignon, mais dangereux.

Caractéristiques essentielles : 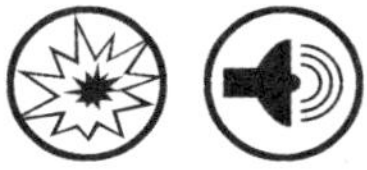

La Mitraillette ou le Feu d'artifesse, le Paquet de mammouths

Vous l'aurez deviné, ce pet en tir groupé reproduit le son d'une mitraillette ou d'une chaîne de pétards. C'est une série de pets qui ne cessent de détonner en succession rapide.

Caractéristiques essentielles : 

Le Vieux Tacot ou le Moteur enroué, le Teuf-Teuf

Ce grand classique des pets commence par un bruit de toussotement et se termine par une explosion pétaradante. C'est le compagnon idéal quand vous racontez vos efforts pour faire démarrer une vieille voiture par une froide matinée d'hiver.

Caractéristiques essentielles : 

LE TIRAILLEUR ou la Perforeuse, le Péteur Pan

Un pet sonore et puissant dont le bruit suggère que vous venez carrément de déchirer votre slip. Et, même si c'est matériellement impossible, vous vous sentez quand même obligé de vérifier – au cas où vous auriez battu un record historique. Il faut bien que l'expression « déchirer la toile » se justifie d'une manière ou d'une autre...

Caractéristiques essentielles :

3 - PETS QUI PUENT

LE PET À LA BIÈRE ou le Ténor du bistro, le Brassé

Ces invités débarquent quand on a passé une soirée (ou un week-end, ou six ans d'études universitaires) à boire de la bière en quantité excessive. L'amidon, le dioxyde de carbone et la graisse des chips et autres mets de comptoir sont brassés à leur tour dans votre estomac et le reste de votre tuyauterie, formant un élixir toxique.

Caractéristiques essentielles :

• FAIT SUR LES PETS •

Les termites produisent plus de pets que n'importe quel autre animal. Oui, même votre oncle Charles.

Le Menu à volonté **ou le Traînard, le Buffet du fessier**

Cette abondance de flatulences est connue pour sa tendance à s'éterniser longtemps dans l'air.

Elle peut régaler de très nombreux visiteurs – mais rares sont ceux qui désirent en reprendre.

Caractéristiques essentielles :

Pétons de rire

Qu'obtient-on quand on mange des flageolets et des oignons ?

Des gaz lacrymogènes.

L'Œuf pourri ou la Boule puante, l'Arme chimique

Celui-là, c'est l'empoisonneur traditionnel – il ne vous choque peut-être plus, mais vous ne vous y habituerez tout de même jamais. Il est simple, classique, et juste assez insupportable pour vous donner les larmes aux yeux.

Caractéristiques essentielles : 

Le Malsain ou le Pet-Pourri, les Gaz grippaux

Parfois, lorsque vous êtes malade, cela modifie la flore bactérienne de vos intestins. Et, avec la hausse de température causée par la fièvre, vos tripes deviennent un redoutable incubateur. Le résultat est une sérieuse puanteur maison qui peut vous paraître étrangère et bizarre, comparée à votre arôme habituel.

Caractéristiques essentielles : 

La Perle de douche ou le Pet de toilette, Trilles dans la brume

Cette surprise malodorante peut vous faire l'effet d'un coup de fouet le matin. Une combinaison unique de facteurs situationnels amplifie la puanteur : espace réduit et clos, manque d'aération, chaleur et humidité dissolvant le mucus de vos narines, améliorant par là même votre sensibilité olfactive.

Caractéristiques essentielles : 

Le Vent chaud ou le Pet qui pique,
le Feu-aux-Fesses, l'Incendiaire

Les pets qui paraissent brûlants, c'est l'enfer. Ils surviennent souvent à cause d'ingrédients comme la capsaïcine, une molécule chimique présente dans les piments forts, qui produit ce qui, dans le monde du pet, est connu sous le nom de « deuxième brûlure ».

Caractéristiques essentielles : 

Perle de sagesse

« Dieu a créé le pet. Ensuite, Il lui a donné une odeur pour que les sourds puissent en profiter. »

Redd Foxx

4 - Pets incontrôlables

Le Sportif ou Bouge tes fesses, les Gaz de gymnase

Lorsque vous entretenez ce temple qu'est votre corps, vos gesticulations peuvent entraîner quelques émissions. Vous pouvez être sûr de rencontrer ce modèle de pet en salle de musculation pendant vos longues séries de flexions-extensions sur jambe, ou pendant vos séances prolongées d'étirements au cours de yoga.

Caractéristiques essentielles :  

Péter pour deux ou les Vesses de grossesse, le Baby Boum

Le bonheur d'attendre un enfant offre l'avantage d'un supplément de flatulences. Les hormones de la grossesse entraînent un relâchement musculaire ; par conséquent, les aliments se déplacent plus lentement dans le système digestif, ce qui augmente la production de gaz. Voilà pourquoi les futures mamans sont généralement sur un petit nuage.

Caractéristiques essentielles :  

La Risée odorante ou le Gloussement gazeux, le Rire du bas

Il est certain que les pets vous font rire. Mais parfois, c'est rire qui vous fait péter. Les contractions de votre corps quand vous vous bidonnez peuvent libérer des gaz.

Caractéristiques essentielles : 

La Bombe d'outre-tombe ou Repose en pet, le Dernier Soupir

Des gaz continuent à s'amasser dans notre corps après la mort. Par conséquent, même les cadavres ont encore besoin de lâcher des vents – ce qui prouve qu'un bon pet ne meurt jamais.

Caractéristiques essentielles : 

Les Flatulences sur l'oreiller ou le Vent de duvet, les Bouffées de Morphée

Il est impossible de retenir un prout pendant le sommeil paradoxal. Ce qui soulève la question suivante : si vous pétez en dormant quand personne de réveillé n'est là pour l'entendre, est-ce que ça fait du bruit ?

Caractéristiques essentielles : 

La Boulette de l'Hyperactif ou la Fuite de gaz, le Gaz-ton Lagaffe

Ce pet surprise survient généralement quand vous êtes en train de faire cinq choses à la fois. Vous êtes si occupé que vous ne le sentez même pas venir. Quand vous le sentez, oups, il s'est déjà échappé.

Caractéristiques essentielles :

La Vesse-pasienne ou le Pi-pet, la Moyenne Commission

Quand votre corps est occupé à évacuer de l'urine, il n'est pas rare qu'un pet sournois (ou vingt) s'échappe par la porte de derrière. Attention : quand votre patron occupe la pissotière voisine, vous risquez de le saluer d'une irrépressible salve de pi-pets. Ou pire : de piquer un fou rire aussitôt après.

Caractéristiques essentielles :

L'Éternue-vent ou l'Atch-prout, le Double Vent

Pet que vous avez retenu un certain temps et qui s'échappe bruyamment alors que vous éternuez. Difficile à prédire, encore plus difficile à contrôler, ce pet mérite des louanges… et non des reproches.

Caractéristiques essentielles :

APPELLATIONS FAMILIALES DES PETS

Les pets font presque partie de la famille. Dans chaque clan, ils ont droit à leur petit nom. Vous baptisez bien votre animal de compagnie ; l'usage d'une appellation maison pour vos vilains cul-mulo-nimbus est un moyen amusant de resserrer les liens familiaux. Voici une liste de surnoms pour les pets que nous avons recueillis afin de vous aider à trouver l'inspiration.

- Bifteck gazeux
- Bulle d'air
- Caca qui dit bonjour
- Foups
- Gaz-pacho
- Méthanosaure
- Petit coup de sent-bon
- Petit nuage
- Pétus
- Poum
- Prit
- Puant
- Ricanement fessier
- Se rafraîchir l'anus
- Tipidiki (avec ses variantes, en remplaçant les i par des a, des o ou des u)
- Tirer un coup de mitraillette
- Tut-tut

Perle de sagesse

« Vous êtes l'ambassadrice des flatulences féminines. »

Justin Timberlake (à Cameron Diaz)

LE PET FOURRÉ ou le Pet foireux, le Coup double, le Pet de maçon

C'est le fameux pet qui entraîne de la matière fécale, comparée à du mortier dans l'expression « pet de maçon ». Si vous cherchez les ennuis, rendez-vous à ce carrefour entre flatulences et défécation. Un pet qui se révèle plus chargé que prévu vous fera réfléchir à deux fois avant d'en lâcher un deuxième.

Caractéristiques essentielles : 

5 - Pets élaborés

Le Circons-pet ou le Cran de sûreté, le Discret

Nécessite de savoir contrôler son sphincter à la perfection pour relâcher graduellement le rectum, permettant aux gaz de s'échapper lentement, petit à petit, sans produire le moindre son.

Caractéristiques essentielles : 

Le Para-pet ou le Champ électro-méphitique, le Mur gazeux

Barrière de puanteur protectrice qui tient les autres à distance. Formidable dans le métro ou dans les magasins pour empêcher les vendeurs trop insistants de s'approcher.

Caractéristiques essentielles : 

Le Videur invisible ou l'Enfumoir, le Nettoyeur

On dit que rien n'est aussi efficace qu'un pet bien nauséabond pour vider une pièce. Quelquefois, c'est une bonne chose. Des invités qui ne comprennent pas que c'est l'heure de s'en aller ? Une réunion au sénat qui s'éternise ? Le Videur invisible va faire le ménage pour vous.

Caractéristiques essentielles : 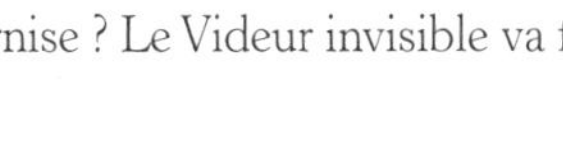

LE PET AU QUOTIDIEN

FACE DE PET > Injure métonymique, puisqu'elle revient à traiter l'autre de « face de cul ».

FAIRE UN PET À VINGT ONGLES > Accoucher.

PET-D'ÂNE > Autre nom de l'onoporde, appelé aussi chardon aux ânes.

PET-DE-LOUP > Vieil universitaire ridicule.

PET-EN-L'AIR (ou : Rase-pet) > Court veston d'intérieur qui s'arrête au-dessus des fesses.

GLORIEUX COMME UN PET,
QUI CHANTE DÈS QU'IL EST NÉ > Imbu de sa personne.

ON TIRERAIT PLUTÔT UN PET D'UN ÂNE MORT (qu'un sou de sa bourse) > Se dit pour exprimer l'avarice d'un homme dont il ne faut rien espérer.

ÇA NE VAUT PAS UN PET (ou : un pet de lapin) > Ça ne vaut rien.

• FAIT SUR LES PETS •

Ne vous retenez pas de péter. D'après le docteur Levitt, retenir un pet trop longtemps risque de faire passer du méthane et d'autres gaz toxiques dans votre système sanguin, ce qui a des effets secondaires désagréables, notamment vertiges et maux de tête. Dans le doute, laissez-vous aller !

NE PAS BOUGER D'UN PET > Ne pas bouger du tout.

COMME UN PET > Très vite. D'où les expressions « Filer, partir comme un pet sur une toile cirée » et « Lâcher quelqu'un comme un pet ».

UN PET DE TRAVERS > Un problème mineur. S'inquiéter pour un pet de travers.

IL VA Y AVOIR DU PET > Éclat, tapage fait autour d'une affaire.

IL A UN PET QUI LUI COURT > Il va se mettre en colère.

IL Y A DU PET > Danger, péril.

FAIRE LE PET > Le guet. On dit aussi « Guetter au pet ».

PORTER LE PET > Porter plainte, protester.

PET ! > Attention !

IL N'Y A PAS DE PET ! > Il n'y a pas de discussion possible, c'est sûr.

• FAIT SUR LES PETS •

On se souvient du proverbe collégien : « Pet sonore c'est inodore, pet sans bruit c'est l'asphyxie ». Toutefois, le docteur Michael Levitt, célèbre spécialiste des pets, a observé que les pets bruyants peuvent sentir tout aussi mauvais que les pets silencieux. Voilà un mythe de plus à écarter.

Le Vent magnétique ou l'Appel de la Nature, la Cloche

Ce pet a la faculté magique – mais indésirable – de faire venir les gens dans votre chambre ou votre bureau juste après son émission. L'occasion ou jamais de lancer : « Quel bon vent vous amène ? »

Caractéristiques essentielles : 

La Caca-phonie ou la Symphonie des Pouêts, le Solo puant

Ce pet de haut niveau, émis seul ou en série, demande une grande maîtrise de son corps et beaucoup de concentration pour permettre au péteur de jouer des chansons en reproduisant parfaitement les notes et le tempo. Le derrière claironnant d'un virtuose peut mériter l'appellation d'instrument à vent.

Caractéristiques essentielles : 

Le Prout-pulseur ou le Vent force 6, le Lavement

Exécuté par un maître ès vesses, ce pet remplit une double fonction. On le retient jusqu'à la pause-pipi dans le but précis de s'aider à évacuer des selles.

Caractéristiques essentielles : 

L'Éclaireur ou le Taste-Vent, le Premier Jet

Ce pet est un petit échantillon qui vous permet de juger de sa toxicité avant de laisser sortir tout le bazar. Cet essai représente généralement 10 à 20 % du pet intégral, mais grâce à lui, vous serez 100 % sûr du danger imminent.

Caractéristiques essentielles : 

• FAIT SUR LES PETS •

On pourrait supposer qu'un « pet-de-nonne » est une offrande qui fait trembler les bénitiers. Mais il s'agit d'un beignet soufflé à base de pâte à choux frite que l'on fourre de crème ou de confiture.
(À ne pas confondre avec le pet-de-sœur, pâtisserie québécoise constituée d'une pâte au beurre et au sucre roulée en cylindre, cuite puis coupée en tranches.)

Cinq péteurs courants

Tout le monde pète, mais certains individus sont renommés pour leurs flatulences. Voici une poignée de personnages pétulants.

LE PÉTEUR PROFESSIONNEL, alias Docteur Pétard, Mister Ça-Gaze

Il est fier de son talent pour les pets et il vous en fera la démonstration sur le vif. Pas besoin de le lui demander deux fois.

LE VESSISTE, alias le Tueur silencieux, le Cul-de-Velours

Cette personne-là semble flotter d'un bout à l'autre de la pièce – sans doute parce qu'elle est sur son petit nuage. Elle n'admet jamais sa culpabilité, mais peut lâcher des missiles furtifs quand ça lui chante. Et ça lui chante.

LE FÉTICHISTE FÉTIDE, alias le Fan de Vannes, l'Éproctophile

On adore tous les pets. Mais lui, il les adore vraiment. Trop, manifestement.

• FAIT SUR LES PETS •

Fotballaget Fart est un club de football professionnel norvégien. Il dispute ses matchs locaux au Fartbana Stadion. Bien que *fart* signifie « vitesse » en norvégien (et non « pet » comme en anglais), leur équipe est tellement foireuse qu'ils ont été relégués en troisième division.

L'Humaniste, alias le Carillon éolien, le Hippie du pet

Les pets, pour lui, c'est naturel, ce n'est pas une grande affaire. Certes, leur côté amusant lui échappe, mais leur côté embarrassant aussi.

Le Seigneur des Anus, alias le Péteur en chef, Sa Majesté des Prouts

Ce personnage haut placé se sert de ses pets pour étaler son pouvoir – et pas seulement son régime alimentaire – devant les autres. Il adore que ses sous-fifres (surtout quand ils sont sous le vent) soient obligés de rester dans son sillage.

NOMS DE PETS DÉPOSÉS

Nous sommes fans des pets et du mot « pet » lui-même. Mais tout péteur confirmé se doit de maîtriser le vocabulaire de la vesse. Voici donc la plus grande collection au monde de synonymes désignant les flatulences :

1 aérophagie
2 avoir des gaz
3 balancer les flonflons
4 ballonnements
5 bastos
6 bazooka
7 bombarder
8 bombe anale
9 boule puante
10 boulette
11 bruit
12 bulle
13 caisse
14 canard
15 canarder
16 chauffe-siège
17 chier de l'air
18 chier une bulle
19 claquer des miches
20 concert anal
21 coup de grisou
22 coup de klaxon
23 coup de trompette
24 craquer du cul
25 cri du cul
26 débourrée
27 débourrer
28 déchirer la toile
29 douiller
30 dragée
31 émanations
32 émissions
33 envoyer
34 envoyer le Butagaz
35 éructation rectale
36 éternuer de l'anus
37 exhalaison
38 faire des ronds de fumée avec la rondelle
39 flatulence
40 flatuosité
41 flotteur
42 flouser
43 fuite
44 fuiter
45 fumée brune
46 fusée
47 gaz
48 grenade
49 incongruité
50 jet de vapeur
51 klaxonner

52 lâcher du lest
53 lâcher les chiens
54 lâcher les dés
55 lâcher Médor
56 lâcher un cran
57 lâcher un vent, une caisse, une perle
58 lâcher une arme chimique
59 lâcher une douille
60 laisser de la gomme
61 larguer une bombe
62 loufe
63 loufer
64 louise
65 météorisme
66 missile
67 mitrailler
68 mofette
69 nuage marron
70 nuage toxique
71 ouvrir les vannes
72 parfumer
73 pastille
74 perle
75 perlouse
76 perlouser
77 pet
78 pétarade
79 pétarader
80 pétard
81 péter
82 polluer l'atmosphère
83 pondre un œuf pourri
84 prout
85 prouter
86 purger le foireux
87 rot du bas
88 rot du cul
89 roter du mauvais côté
90 se soulager
91 soupir
92 symphonie rectale
93 trompéter
94 vanne
95 vapeur méphitique
96 vent
97 venter
98 vesse
99 vesser
100 vidanger son derche

« Oh non, il faut que je pète, mais je ne sais pas de quel côté me pencher ! »

Peter Griffin, « Family Guy »

Chapitre 3

Cours de gaz :

TECHNIQUES DE BASE POUR FESSES FRÉMISSANTES

Comprendre les pets n'est pas seulement une entreprise intellectuelle. Maintenant que vous voilà érudit, il est temps d'aborder la pratique. Les pages suivantes présentent les nombreuses techniques pour revendiquer, reprocher à autrui, retenir, lâcher, dissimuler et enfin savourer ses pets.

LES DIFFÉRENTES TECHNIQUES

et le moment opportun pour les utiliser

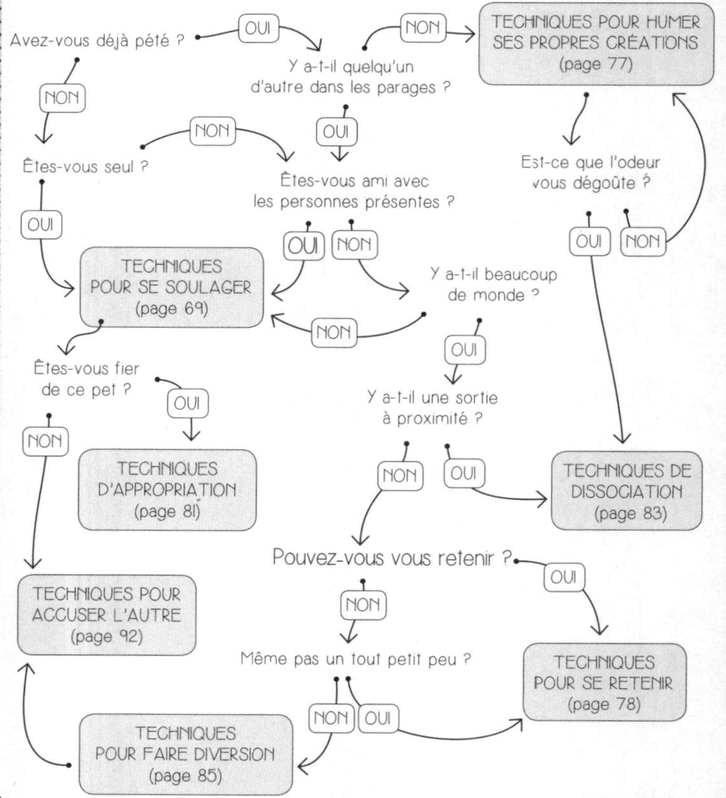

Techniques pour se soulager

Péter peut être un acte indépendant de notre volonté, mais ce n'est pas entièrement automatique. Vous jouez un rôle crucial dans l'émission de gaz – et cette rubrique vous propose de nombreuses méthodes différentes pour les expulser.

La Brume ascendante

alias la Lentille perdue, la Posture du chat qui pète

Mettez-vous à quatre pattes, puis levez le derrière et remuez-le en l'air comme si ça ne vous posait aucun problème. Cette technique permet également de soulager les douleurs associées aux flatulences.

Le Mono-Fesse clandestin

alias le Vent de côté, la Bourre penchée, le Pousse-Chaise

Quand vous êtes assis, penchez rapidement le corps d'un côté, dégageant un passage pour que votre pet puisse sortir. Du fait de la nature sédentaire de la vie moderne, cette technique peut être employée tous les jours – notamment en lisant ce livre.

Le Pet fœtal

alias la Bombe, le Culbuto

Même si les pets offrent matière à rire, ce n'est pas le cas de la douleur qu'ils peuvent susciter. Comme la Brume ascendante, cette position a fait ses preuves pour soulager les abominables tiraillements causés par les gaz intestinaux. En d'autres termes, elle vous aide à accoucher de votre nouveau-pet.

Le Lever de Jambe

alias le Délit de fuite, les Gaz de ville

En position debout, reportez votre poids sur une jambe et soulevez légèrement l'autre pour permettre une évasion en force. C'est la meilleure méthode pour se soulager en marchant dans un quartier bondé où l'on ne peut ni ralentir le pas, ni être accusé du forfait.

La Chaise

alias la Mère Poule, la Mise-à-Feu

Pratique pour obtenir une force de poussée maximale quand on pond un œuf gazeux, cette position reproduit celle qu'on adopte naturellement pour déféquer. Mais attention, elle vise juste à impressionner votre public quand vous crânez devant vos amis ou que vous vous donnez en spectacle dans une fête foraine ; ne laissez pas votre corps faire l'amalgame !

La Caisse des Commissions

alias le Courant d'air des courses, Coup de vent dans l'allée 3

Voici qui devrait égayer votre morne virée au supermarché. Penchez-vous en avant et appuyez-vous sur votre chariot pour lâcher vos fumées brunes. Cette technique discrète permet en outre d'éviter que votre nez se trouve juste au-dessus de la source.

Encore plus techniques

LE BERCEAU
Mettez-vous dans la position du Pet fœtal, mais balancez-vous d'avant en arrière sur le dos. Le marchand de soufre va bientôt passer.

LE SAUTEUR À RESSORT
Cet exercice physique sollicitant tout le corps va libérer vos gaz tout en vous aidant à garder la forme.

LE TIRE-FESSE
Empoignez tout simplement une fesse pour une émission rapide et sans manières.

LA NUIT CALME
Soulevez et écartez les deux fesses pour une émission discrète qui ne dérangera pas votre compagnon de lit dans son sommeil.

LE LOTUS LÉVITANT
En posture de méditation, décollez carrément du sol sur votre petit nuage.

Techniques pour humer ses propres créations

Les pets œuvrent à plusieurs niveaux, mais ils sont particulièrement efficaces au niveau olfactif. Vous éprouverez parfois le besoin de renifler – par curiosité ou pour jauger le degré de puanteur et calculer à quelle vitesse il vous faut évacuer les lieux.

L'Éventail, alias Viens voir papa, Fleure-moi ce bouquet

Agitez les mains ou même ce livre pour faire venir votre pet en direction de votre nez. Ça vous permettra d'obtenir un meilleur échantillon de sa senteur sans en être réduit à des contorsions qui risqueraient de vous casser le dos.

LES GAZ BALADEURS, alias le Pet palpé, la Fouille qui douille

Si vous êtes excessivement couvert, vous pouvez aider la poche d'air pollué à remonter le long de votre personne en vous tapotant pour lui dégager un passage jusqu'à la sortie, par le col.

LE DEMI-TOUR, alias Revenir sur ses pets, le Retour aux sources

Quand ce serait trop voyant de faire remonter un pet vers votre nez, essayez cette pirouette. Après avoir lâché une perle, faites demi-tour et retournez un instant sur les lieux du crime le temps de renifler un petit coup.

Techniques pour se retenir

Quelquefois, vous n'avez pas le choix, il faut vous retenir. Dans ces cas-là, essayez ces techniques qui ont fait leurs preuves :

LE CROISÉ-SAUTÉ

Croisez les jambes et sautillez sur un pied pour aider à relâcher la pression interne et passer le temps jusqu'au soulagement tant attendu.

LA PINCE

C'est le blocage total des gaz. Vous contractez chaque muscle qu'il est possible de contracter et espérez qu'un phénomène d'osmose va s'opérer par magie.

LE YOGI

Immobilisez-vous en position assise dans un état presque méditatif et concentrez-vous sur votre présence au monde sans (prout) penser aux (prout) tiraillements (prout) dans votre (prout) bas-ventre.

SAVOIR RECONNAÎTRE

LES ZONES INTERDITES AUX PETS

Les pets sont comiques, distrayants et aussi omniprésents que les cafés Starbucks. Mais certains moments ne sont pas du tout propices à leur émission. En voici quelques-uns :

PENDANT UN EXAMEN NATIONAL

Un silence oppressant règne dans les salles, l'appréhension est palpable et les gloussements provoqués par un pet ne sont pas au programme.

À LA BARRE

Votre crédibilité de témoin va partir en fumée quand vos gaz auront fait péter de rire l'huissier.

AU MOMENT DE DIRE « OUI »

Un pet devant l'autel aura un retentissement éternel. Attention au moment de sauter le pet… euh, le pas. Si vous laissez échapper une perle, vous ne serez peut-être plus en odeur de sainteté.

DANS LA STATION SPATIALE INTERNATIONALE

Il n'y a pas de fenêtres à ouvrir, ce qui pourrait rendre furieux, vraiment furieux des cosmonautes maussades. Il faut donc éviter les vesses spatiales.

Techniques d'appropriation

Il est évident que dans certaines circonstances, péter vous vaudra de la honte et des reproches. Mais dans d'autres occasions, notamment avec des amis, des colocataires ou la fine fleur de votre famille, vos pets peuvent être célébrés comme ils le méritent. Parfois, votre chef-d'œuvre exceptionnel est tout simplement trop réussi pour ne pas le saluer avec une certaine pompe, même si vous êtes seul.

La Génuflexion

Mettez-vous sur un genou, baissez la tête et remerciez les bactéries de vos intestins pour cette immaculée conception.

La Claque

Attrapez votre nuage avec les deux mains et, tout plein de votre importance, applaudissez de façon théâtrale – puis retournez-vous pour finir par une Pulvérisation généralisée (voir page 114).

Le Génie

Croisez les bras, levez le menton et tenez-vous fièrement sur le nuage que vous venez de produire. Ajoutez un petit hochement de tête pour le souligner.

LES PETITES PHRASES D'ACCOMPAGNEMENT

Le jargon pétophile peut ajouter un point d'exclamation fort bienvenu à un pet bien placé et bien exécuté. Vous trouverez ci-dessous une liste de formules classiques, mais l'improvisation est vivement encouragée.

[PROUT] « Et hop ! »
[PROUT] « Bon appétit, bande d'abrutis ! »
[PROUT] « Alors, jaloux ? »
« Ne vous en faites pas... [PROUT] Y en aura pour tout le monde ! »
« Devine ce que je vais te dire ! [PROUT] Ben c'était ça. »
[PROUT] « Bien dit, mec. »
[PROUT] « J'ai rêvé ou quoi ? »
[PROUT] « Vous sentez ce que je vous mijote ? »
[PROUT] « Qui veut du pâté en prout ? »
« Pom pa-da pom pom... » [PROUT] [PROUT]
[PROUT] [PROUT] [PROUT] « J'ai lâché des perles, mais c'est toi qui portes le collier. »

[PROUT] « T'as pigé ce que je viens de dire ? »
[PROUT] « Tiens, en voilà une à publier sur Twitter. »
[PROUT] « C'était une grenouille, ça ? »
[PROUT] « Ah non, ça doit être un canard. »
« Qu'est-ce que tu penses de ça ? » [PROUT]
«Toc, toc, toc, qui est là ? » [PROUT]
« Chut ! Écoute, il y a eu un bruit, non ? » [PROUT]

Techniques de dissociation

L'émettre, c'est une chose. S'en débarrasser, c'en est une autre. Même si votre coup de trompette était superbe, on a parfois besoin de prendre ses distances. Voici plusieurs stratégies qui ont fait leurs preuves pour couper les ponts avec vos amis gazeux lorsqu'ils sont trop collants.

La Guillotine, alias la Tranche de Sent-Bon, le Coupe-Vent, le Cran d'arrêt

On a parfois besoin de prendre les choses en mains – ou en main, tout au moins. Si votre pet vous suit encore, tendez le bras derrière vous et, d'un geste tranchant, détachez la mauvaise odeur de votre personne.

Le Virage en épingle à cheveux, alias le Zigzag, le Volte-Fesse

Cette technique est l'une des plus discrètes. Il suffit de marcher en ligne droite à une allure moyenne, en laissant filer la pestilence derrière vous comme une traîne de mariée vaporeuse, puis d'effectuer brusquement un virage à 90 degrés pour vous séparer de l'odeur.

Claquer la porte, alias le Nouveau Départ, Fermer le sas

Mettez une porte entre vous et votre sillage gazeux pour vous en séparer définitivement. Si c'est une porte manuelle, poussez fortement dessus pour couper les ponts. Si c'est une porte automatique, arrêtez-vous pendant un instant une fois que vous l'aurez franchie pour lui laisser le temps de se fermer entre vous et votre nuage toxique.

Autant en emporte le vent, alias le Pet volant, le Courant d'air volontaire

Parfois, la meilleure solution est de déguiser vos pets en courants d'air. Si vous voyez que le vent se lève, pensez à péter dans les bourrasques pour que l'odeur s'envole. Peut-être que quelqu'un, à quelques kilomètres de là, pourra en profiter.

La Fuite des fuites, alias l'Échappée belle, le Sauve-qui-pète
Comme les méchants dans une scène de poursuite au cinéma, un pet est parfois difficile à semer. Pour vous débarrasser d'une odeur particulièrement tenace, essayez la Fuite des fuites. Courez en zigzag, en accélérant à chaque tournant.

L'Essoreuse à salade, alias Wonder Woman, la Force centripète
Si vous ne pouvez pas évacuer la zone toxique, pensez à cette technique. Écartez les bras et mettez-vous à pivoter dans le sens des aiguilles d'une montre. La force de votre pirouette devrait repousser les gaz vers les bords de la pièce.

Techniques pour faire diversion

Il y a des moments dans la vie où l'on ne veut pas assumer la responsabilité de ses superbes fumées brunes. Voici quelques techniques pour ces occasions où vous avez besoin de couvrir vos traces, de détourner l'attention, bref, de vous en tirer impunément.

MEILLEURS TITRES
de FILMS et de CHANSONS
qui pourraient parler des pets

FILMS

Autant en emporte le vent (1939)
Fenêtre sur cour (1954)
Certains l'aiment chaud (1959)
Les Quatre Cents Coups (1959)
La Grande Évasion (1963)
La Mélodie du bonheur (1965)
Le Bon, la Brute et le Truand (1966)
Apocalypse now (1979)
Terminator (1984)
Une histoire de vent (1988)
Les Experts (1992)
Billets pour l'enfer (1994)
Le Vent de la nuit (1998)
Eh mec, elle est où ma caisse ? (2000)
60 secondes chrono (2000)
Plein gaz (2002)
Gaz Bar Blues (2003)
Vent mauvais (2006)
Tonnerre sous les tropiques (2008)
Le Dernier Maître de l'air (2010)
Du vent dans mes mollets (2011)
L'Usine à gaz (2012)

CHANSONS

"Bend down low", Bob Marley ("Baisse-toi bien bas")
"Blowin' in the wind", Bob Dylan ("Flotte dans le vent")
"Boom boom", John Lee Hooker ("Boum boum")
"Bring the noise", Public Enemy ("Balance le son")
"Can't keep it in", Cat Stevens ("Je ne peux pas garder ça en moi")
"Creepin' in", Norah Jones ("S'insinuant discrètement")
"Good vibrations", The Beach Boys ("Bonnes vibrations")

"Heatseeker", AC/DC ("Fan de sensations fortes")
"I can't help it", Michael Jackson ("Je ne peux pas m'en empêcher")
"Juicy", The Notorious B.I.G. ("Juteux")
"Light my fire", The Doors ("Allume mon feu")
"Oops !... I did it again", Britney Spears ("Oups ! J'ai recommencé !")
"Purple haze", Jimi Hendrix ("Brume violette")
"Push it", Salt-N-Pepa ("Pousse-le")
"Ring of fire", Johnny Cash ("Cercle de feu")
"Say it loud", James Brown ("Dis-le tout haut")
"Smells like teen spirit", Nirvana ("Ça sent l'ado-l'essence")
"The sound of silence", Simon and Garfunkel ("Le son du silence")
"Wind beneath my wings", Bette Midler ("Du vent sous mes ailes")

1 - Dissimulation du son

TOUSSER

Une quinte de toux tombant à point nommé peut couvrir votre fanfare intestinale, mais attention ! En fait, en toussant, vous risquez de perdre le contrôle de votre sphincter et de lâcher encore plus de pets que prévu. Comme la synchronisation n'est pas toujours impeccable, il vaut mieux réserver cette méthode aux cinémas bondés et aux restaurants animés.

CHASSE-PETS

Quand vous êtes aux toilettes, un moyen simple de noyer le vacarme de votre stentor du pôle Nord est de tirer la chasse d'eau. Cette méthode peut être appliquée dans les toilettes partagées du bureau ou lors d'une soirée, quand une misérable porte est tout ce qui sépare les cabinets des autres convives.

Déplacer sa chaise

Repousser votre chaise sur le parquet ou le carrelage produit naturellement un bruit de pet. Faites-le au bon moment, et votre coup de tromblon en plein cours y aura gagné son mot d'excuse. Marche aussi au bureau. Si l'on vous jette des regards suspicieux, vous allez peut-être devoir prouver que ce bruit venait du siège… et pas de votre siège.

2 - Brouillage des odeurs

Gratter une allumette

Ce vieux truc de secours, c'est prouvé, couvre l'odeur. Beaucoup de gens considèrent que les convenances l'exigent quand on fait toilettes communes avec d'autres êtres vivants.

Le désodorisant

Un petit coup de désodorisant peut neutraliser le nuage malodorant… en théorie. En réalité, les lieux sentiront juste un mélange de Fleurs de pommier et de Cul qui pue.

Le ventilateur manuel

Agitez la main pour dissiper la pestilence et la repousser un peu plus loin dans la pièce. Tel un étudiant en danse moderne, faites de grands mouvements fluides et expressifs pour disperser les gaz.

3 - *Diversion géographique*

L'écureuil fabuleux

Le mieux, pour neutraliser un pet silencieux mais toxique, c'est l'air pur. Si vous avez besoin d'empêcher l'odeur de parvenir jusqu'à quelqu'un, faites semblant d'avoir vu quelque chose d'incroyable par la fenêtre, ouvrez-la vite et forcez l'autre à mettre la tête dehors pour regarder.

Le rabat-joie

Si, pendant une soirée entre amis – notamment des amis du sexe opposé –, vous avez largué une bombe et ne voulez pas qu'ils le sentent, déclarez : « Il est temps qu'on s'en aille » et filez comme un pet sur une toile cirée.

Le sursis téléphonique

Si vous lâchez les chiens dans votre bureau et qu'un collègue (ou pire, un supérieur) approche, attrapez votre téléphone et faites mine d'être absorbé par une conversation professionnelle animée. Levez l'index pour indiquer par ce signe universel que vous êtes occupé afin d'éviter que votre collègue vienne à portée de l'odeur.

• FAIT SUR LES PETS •

Le comique américain Jimmy Kimmel est célèbre pour avoir fait renifler par la ruse à l'autre protagoniste de la série télévisée *The Man Show*, Adam Carolla, un pet enfermé dans une boîte de café.

Techniques pour accuser l'autre

La vérité vous libérera. Et ça vaut aussi pour la vérité sur les pets. Déterminer à qui appartiennent des perlouses est une étape cruciale pour préserver ces deux traditions : assumer la responsabilité de ses actes et être fier de ses chefs-d'œuvre.

Le combat de rimes

Ce jeu bien connu est un ingénieux moyen de faire la police soi-même, créé pour permettre à un groupe de désigner le coupable d'une caisse sans propriétaire officiel. On essaie de démasquer le flouseur à travers une volée d'attaques verbales au cours de laquelle l'accusateur et l'accusé échangent des piques qui riment. Le joueur qui, le premier, se trouve à court de répliques sera taxé de péteur. C'est comme un duel avec des quolibets en guise de revolvers.

Bien sûr, cette méthode soulève la question suivante : comment la propension aux jeux de mots pourrait-elle être liée à la probabilité qu'on ait émis des gaz ? Techniquement, elle ne l'est pas. Mais de nombreux scientifiques pensent que mentir entrave les capacités cognitives du cerveau du menteur. Ainsi, il paraît logique que la personne à l'esprit le moins vif soit celle qui a loufé.

JE PÈTE
Certifié
MATCH
vrai...
DONC JE SUIS

JOUTES VERBALES

Exemple de combat de rimes. Il vise juste à illustrer le propos ; vous devrez trouver vos propres reparties sur le moment.

A. OFFENSIVES

C'est celui qui...

1. jase qui a des gaz.
2. sonne l'alarme qui a sorti les armes.
3. l'a déduit qui l'a produit.
4. l'a remarqué qui l'a claqué.
5. te montre du doigt qui a balancé la purée de pois.
6. est à cran qui a lâché un cran.
7. a sniffé qui a loufé.
8. a jacté qui l'a éjecté.
9. sort le paravent qui a lâché un vent.
10. a rouspété qui a pété.

B. CONTRE-OFFENSIVES

C'est celui qui...

1. l'a nié qui l'a lâché.
2. t'a accusé qui a lancé la fusée.
3. joue les innocents qui a lâché des vents.
4. cherche des rimes qui a commis le crime.
5. fait le jésuite qui a des fuites.
6. se prend pour un barbouze qui a lâché la perlouse.
7. te balance un quiz qui a sorti la louise.
8. ricane qui a pété comme un âne.
9. joute qui a fait le prout.
10. son innocence professe qui a lâché la vesse.

JE PÈTE
Certifié
MAGIE
vrai...
DONC JE SUIS

POURQUOI GRATTER UNE ALLUMETTE ?

Nous connaissons tous le tour de magie de l'allumette pour éliminer une odeur gênante. En vérité, c'est bel et bien de la magie – ou, pour être exact, une illusion. Nous imaginons que cette petite flamme absorbant les odeurs déplaisantes est un Pac-Man agressif dévorant le fantôme fétide, mais ce n'est pas exactement ainsi que ça se passe. Les spécialistes, tels les animateurs de l'émission télévisée *Myth Busters*, pensent que gratter une allumette ne supprime pas les odeurs, mais les masque. La tête d'une allumette contient un cocktail chimique comprenant beaucoup de soufre, qui est libéré avec les premières flammes de la combustion. Le dioxyde de soufre a une odeur très forte, à laquelle nos récepteurs olfactifs sont extrêmement sensibles. Si c'était le feu qui apportait la solution, une bougie ou un briquet seraient tout aussi efficaces... malheureusement, leur flamme ne vaut pas un pet de lapin à côté de celle d'une allumette.

Perle de sagesse

« Quand vous lâchez un pet expérimental, il est souvent bon de vous absorber dans une activité de subterfuge, comme attraper un magazine. »

George Carlin

• FAIT SUR LES PETS •

Les chercheurs de l'université de Salford, au Royaume-Uni, ont demandé à plus de 34 000 personnes de classer différents bruits par degré de drôlerie. Ainsi, ils ont découvert que ce sont les pets les plus longs et les plus aigus qui nous font généralement le plus rire, et que la durée optimale d'un faux pet est de 7 secondes.

COMMENT SE DÉFENDRE
CONTRE LES FLATULENCES ÉTRANGÈRES

Très peu de gens courent après les PAP (les pets des autres personnes). Nous sommes biologiquement programmés pour préférer les éviter. « Plus facile à dire qu'à faire », disent les novices. Mais les vraies éminences des flatulences ont plus d'un tour dans leur sac.

LA LEVÉE DE BOUCLIER

Tirez votre chemise ou votre T-shirt devant votre nez. Attention, cela ne fonctionne que si le pet est à l'extérieur. S'il se balade à l'intérieur de vos vêtements, vous risquez l'asphyxie.

LE GRAND PLONGEON

Inspirez à fond pour bien remplir vos poumons d'air pur avant de pénétrer dans un éventuel « champ de bataille » pilonné par des bombes anales.

LE NEZ D'EXPERT

Faites comme les détectives de la série télévisée *Les Experts* et placez-vous un tube de Vicks VapoRub sous le nez pour mieux supporter la puanteur.

LE VACCIN

Si vous êtes capable de produire un pet de votre cru au moment voulu, vous pouvez renifler votre odeur à vous en attendant que la menace soit passée.

JE PÈTE
Certifié
À VOIR
vrai...
DONC JE SUIS

LES MEILLEURES SCÈNES DE PETS AU CINÉMA

LE SHÉRIF EST EN PRISON (1974) - Une solide portion de flageolets engloutie par des cow-boys lors du dîner leur assure une symphonie pétaradante après le repas.

LE GOLF EN FOLIE (1980) - Rodney Dangerfield a acquis une certaine considération avec sa fameuse question : « Oh ! Quelqu'un a marché sur un canard ? »

LA SOUPE AUX CHOUX (1981) - Louis de Funès et Jean Carmet font un concours de pets si spectaculaires qu'ils craignent de s'attirer les foudres du ciel.

AMADEUS (1984) - Wolfgang Amadeus Mozart, le génie de la musique, termine un concert par une mélodie intestinale de sa propre composition.

RAIN MAN (1988) - Dustin Hoffman a vraiment lâché une caisse alors qu'il était enfermé dans une cabine téléphonique avec Tom Cruise, et ils ont improvisé le reste de la scène.

AUSTIN POWERS (1997) - L'espion le plus sexy du monde transforme en jacuzzi sulfureux le bain chaud qu'il partage avec Alotta Fagina.

FRANGINS MALGRÉ EUX (2008) - Deux ratés sur le retour foirent un entretien d'embauche quand l'un d'eux lâche une caisse de légende.

Comment griller un péteur hypocrite

Déterminer le véritable empoisonneur d'une pièce n'est pas chose facile – ni enviable. Mais quand des nez innocents sont agressés, il en va de votre responsabilité (en tant que lecteur de ce livre et en tant qu'être humain) de démasquer le péteur. À cette fin, voici quelques signes de météorisme bien connus :

• FAIT SUR LES PETS •

Certains WC publics, au Japon, sont équipés d'un gadget fixé au mur qui produit un grand bruit de chasse d'eau. L'occupant n'a qu'à appuyer sur le bouton pour masquer le bruit de ses flatulences.

Pupilles dilatées

Mentir provoque une excitation physiologique qui augmente la taille des pupilles.

Regard fuyant

Les yeux du coupable ont tendance à se balader dans toute la pièce – comme l'odeur de son crime.

Tics faciaux

Voyez s'il passe énormément de temps à se toucher le nez, la gorge et la bouche – surtout pendant que vous, vous vous bouchez le nez pour lui parler.

Odeur de merde

On peut affirmer sans risque que s'il sent le roussi, c'est qu'il a bel et bien mis le feu.

Pétons de rire

À l'église, une vieille dame se tourne vers son mari et dit : « Je viens de faire une dizaine de pets silencieux. Qu'est-ce qu'il faut que je fasse ? »
Le vieil homme répond : « Ce qu'il faut que tu fasses ? Faire examiner tes oreilles par un spécialiste ! »

Faux pets

Les pets ne naissent pas tous égaux. Et les faux pets ne valent pas les vrais. Mais parfois, on a besoin d'imiter par n'importe quel moyen un coup de trompette de la rosette. Vous trouverez ci-dessous différentes techniques pour recréer le bruit et l'odeur.

FAUSSES ODEURS DE PETS

PET EN SPRAY

La boutique de cadeaux du centre commercial ne serait pas ce qu'elle est si elle ne vendait pas l'invention préférée de tous les gamins de treize ans : des bombes de pet.

Pet de voiture

Pendant qu'on fait de la route, il n'est pas rare que la voiture participe à la conversation pétomaniaque en produisant sa propre odeur sulfurée. Surtout quand on met les gaz.

Brocoli passé au micro-ondes

Il y a peu de meilleurs moyens de manger sainement tout en répandant un parfum de pet dans toute la maison.

Vive la campagne

Quelquefois, ouvrir la fenêtre chasse l'odeur de pet. Quelquefois, ça la fait entrer.

Faux bruits de pets

Coussin péteur

Classique et hygiénique, quoique pas toujours très pratique. Idéal pour les fans d'humour pétophile.

Pet d'aisselle

Même si l'équipement (une main et une aisselle) est plus accessible qu'un coussin péteur, il est très difficile de produire des sons homogènes.

Flacon de ketchup à presser

Il est rare de pouvoir ainsi manger et péter en parfaite harmonie.

Pet de bouche

N'oublions pas la bouche, un instrument irremplaçable pour imiter toute une variété de pets.

• FAIT SUR LES PETS •

Après avoir arrêté la scène, le Pétomane est revenu à sa première passion, la pâtisserie, et a ouvert une biscuiterie à Toulon. Amusant quand on sait que *biscuit*, en anglais, est un synonyme de « pet »... Vous prendrez bien une galette ?

« Pétez fièrement. »
Benjamin Franklin

Chapitre 4

Pets de maître :

CONNAISSANCES APPROFONDIES POUR ATTEINDRE DES SOMMETS DE PUANTEUR

D'après le dicton, les bateaux sont à l'abri quand ils restent dans le port, mais ce n'est pas pour ça qu'ils sont faits. À présent, remplacez « bateaux » par « pets » et « port » par « cul », et vous verrez que le dicton reste plein de sagesse. Une fois que vous saurez quel genre de pets vous avez en stock et comment vous en servir, vous pourrez appliquer ce savoir-faire pour composer des symphonies intestinales avec virtuosité. Il est temps de passer la vitesse supérieure : non content d'émettre des gaz, vous allez pouvoir les émettre avec style, panache et détermination. Ce chapitre va vous montrer comment passer maître dans l'art du pet.

Guerre et pet

Se faire péter au nez est une agression bénigne, mais c'est extrêmement insultant. Si cela ne vous inflige aucun dégât physique, cela peut blesser votre ego. Raison de plus pour vous entraîner aux pets de combat : vous allez pouvoir vous servir de vos gaz pour terrasser vos adversaires.

Vos victimes ne les verront pas venir, mais elles en sentiront les effets longtemps après votre départ. Employez les techniques suivantes pour semer la terreur et la puanteur autour de vous.

Attaques-surprises

La Sonnette d'alarme, alias Tire sur mon doigt, le Tour de magie de tonton Marcel

Une technique classique majoritairement utilisée par la génération des anciens contre les bleus – autrement dit, leurs petits-enfants. La méthode est simple : demandez à votre victime de vous tirer le doigt. Elle s'attend à provoquer un tour de magie. À la place, vous lâchez une caisse.

Perle de sagesse

« Il n'y a rien de plus patriotique au monde qu'un pet de soldat de la marine américaine. »

Stephen Colbert

LA CLAQUE PUANTE, alias le Masque aux gaz, le Bourre-Pif
Cette technique nécessite de s'accroupir au-dessus du visage de votre pauvre victime pendant qu'elle dort profondément. Lâchez un pet, puis donnez-lui une grosse baffe. Le résultat, c'est que la personne se réveille en sursaut et inspire vivement une grosse bouffée de vos gaz intestinaux.

L'EMBRASSADE EMPESTÉE, alias le Porc d'équipe, les Prouts en groupe
Vous connaissez peut-être le dicton qui vous conseille de rester près de vos amis et encore plus près de vos ennemis. Mais que faire avec ses faux amis ? Prenez-les tous par les épaules pour un gros câlin collectif, et pétez... en prenant soin de les retenir au milieu du nuage toxique. Na.

LE COUP DE PÉTARD, alias le Pistolet qui pue, la Double Bastos

Imitez une arme à feu avec le pouce et l'index. D'un geste théâtral, fermez un œil et visez votre victime (face à vous comme Eastwood, ou sur le côté comme dans *Matrix*). Choisissez bien le moment d'appuyer sur la détente : pile quand votre autre pétard lâche une salve.

• FAIT SUR LES PETS •

Il paraît que Babe Ruth (1895-1948), célèbre joueur de base-ball américain, était un fan du coup de la Sonnette d'alarme – ce qui fait de lui un pionnier de cette technique.

Techniques de combat main-nez

Le principe est simple : utilisez vos mains pour fabriquer un sandwich de puanteur et servez-le en pleine figure de vos adversaires, aussi vite et méchamment que possible.

Le Ballon de sent-bon

Imaginez que votre pet peut être modelé en forme de ballon qu'il n'y a plus qu'à lancer à la figure de votre cible. Et maintenant, faites-le.

LES MEILLEURES PERSONNES AVEC QUI PRATIQUER LES PETS DE COMBAT

- Frères et sœurs plus jeunes
- Compagnons de chambrée au pensionnat ou à l'université
- Ami(e)s du même sexe
- Collègues sympas
- Cousins de toutes les espèces
- Avons-nous déjà cité les frères et sœurs plus jeunes ?

La Tarte aux pets

Poussez l'odeur devant vous avec la main ouverte pour balancer votre tarte à la crème un peu particulière à la figure de l'autre.

Le Bol de soupe

Mettez les mains en coupe, pétez dedans et placez-les sous le nez de la cible en disant : « Un bol de soupe ? » Avec un peu de chance, elle sera tellement interloquée qu'elle reniflera bien fort votre création fumante.

Perle de sagesse

« Je pète grosso modo dans votre direction. »

John Cleese, « Monty Python, sacré Graal »

Techniques asphyxiantes

Ce principe repose sur une loi de la physique fort simple, qui veut que l'émission d'un pet dans un lieu clos le rende plus puissant et plus efficace. Et, pour votre victime, plus pénible.

Le Four hollandais

Une attaque classique visant idéalement votre compagnon ou votre compagne, s'il ou elle a de l'humour. L'exécution est aisée : libérez simplement une vesse sous la couette et tirez ladite couette sur la tête de votre cible pour la prendre au piège.

La Bombe automobile

Consiste à péter dans une voiture aux vitres fermées, avec la sécurité enfant enclenchée. N'ouvrez pas les fenêtres avant que votre passager / victime soit totalement K.O. Pour plus de conseils, interrogez n'importe quel chauffeur de taxi professionnel.

Le Photo-Pétons

Demande de la coordination et de la préparation, mais le résultat en vaut la peine – et il sera pérennisé.

Attirez votre victime dans une cabine de photomaton en lui proposant de vous faire photographier avec elle... et lâchez une caisse en plein milieu de la prise de vue pour immortaliser le moment de l'impact.

Techniques pour fabriquer des bombes immondes

Ajouter quelques objets domestiques et une bonne dose de génie malfaisant à ses émissions permet de créer de fabuleuses armes chimiques.

Le Coussin assassin

Pétez sur un oreiller, puis couvrez le visage de votre adversaire avec l'oreiller souillé. Il en perdra le sommeil pendant un mois et demi.

Pets en sachet

Capturez vos pets dans un sac en papier et entortillez-le vite pour former un ballon de la taille d'un melon. Dirigez-vous vers votre cible et faites-lui éclater le ballon à la figure.

AUTRES BONNES IDÉES DE RÉCIPIENTS À PETS

- cornemuse
- boîte à café
- boîte à biscuits
- bocal à conserves en verre
- pichet pour le lait
- pochette à sandwich en plastique (pour conserver toute sa fraîcheur)
- seau à glace en argent (pour les grandes occasions)

Le Tupperware délétère

Rien ne conserve aussi bien la fraîcheur d'un pet qu'une boîte en plastique. Attrapez-le et fermez la boîte, puis ouvrez-la sous le nez d'un ami… ou plus exactement, d'un futur ex-ami.

Gaz téléphoniques

Obtenez de quelqu'un par la ruse qu'il mette la bouche dans votre cocktail gazeux en pétant secrètement sur le récepteur d'un téléphone avant de lui dire qu'il y a un appel pour lui. En lançant un « Allô ? » innocent, il va avaler une bonne goulée de pet frais.

Pets de destruction massive

Jusqu'ici, tout a été un jeu d'enfant. Nous avons limité vos pets à un seul spécimen à la fois. Maintenant, il est temps de passer au bombardement des masses.

La Pulvérisation généralisée, alias le Bombardier, Pète un coup et mets les bouts

Imaginez un épandage de pesticides, en remplaçant les champs par des gens… et les pesticides par des vents. Une méchanceté gratuite. En gros, le principe d'une opération de pulvérisation généralisée est de vesser au milieu d'une foule, puis de quitter les lieux. Les praticiens habiles sont capables de garder leur sérieux et de continuer à se comporter comme si de rien n'était, ce qui leur permet d'envoyer les gaz sans être repérés et d'observer tranquillement les réactions de leurs innocentes victimes.

La Soufflerie sulfureuse, alias l'Hélico-pet, Dissiper les soupçons

Plus pernicieuse que la Pulvérisation généralisée, la Soufflerie sulfureuse utilise une machine pour amplifier l'attaque. Repérez un ventilateur placé à la hauteur de votre postérieur. Placez-vous du côté qui aspire et dirigez l'émanation vers les pales. C'est particulièrement efficace par une chaude journée humide où la brise rafraîchissante du ventilateur est accueillie à bras ouverts… et le nez en avant.

L'Ascens-beurk, alias Gaz à tous les étages, la Louffe de liftier

Baissez la qualité de l'air quand vous vous élevez dans les airs. Dès que les portes de l'ascenseur se ferment, libérez tous vos passagers. En général, on utilise dans ces cas-là un Silencieux qui tue, mais

ALIMENTS POUR RAVITAILLER VOS PETS

FLAGEOLETS	SON D'AVOINE	RAISINS SECS
PATATES DOUCES	FRUITS À NOYAU	PAIN COMPLET
BROCOLIS	OIGNONS	CHOU

servez-vous de ce que vous avez à disposition sur le moment. Une autre possibilité est de péter dans un ascenseur vide et de laisser aux utilisateurs suivants le plaisir de le découvrir. Une méthode plus audacieuse consiste à lâcher un vent dans un ascenseur bondé et à observer la suite en direct pour voir si quelqu'un va descendre au mauvais étage afin de s'échapper.

Perle de sagesse

« On a bien le droit de vous dire un mot, monsieur. Les mots, ce n'est que du vent. Oui, et même de vous le jeter à la figure plutôt que d'en lâcher un par-derrière. »

William Shakespeare, « La Comédie des erreurs »

Concours de pets

Les jeux ne sont accessibles qu'aux virtuoses. En effet, il faut atteindre un haut niveau de maîtrise de la louise pour pouvoir s'amuser librement et sans effort. Les jeux autour des pets plaisent autant aux jeunes enfants qu'aux adultes immatures.

Le Jeu des pets

Rendue célèbre par Eddie Murphy et son ensemble en cuir rouge dans l'émission télévisée *Delirious*, c'est une variante du jeu du chat. Sauf qu'au lieu de toucher l'adversaire pour qu'il devienne le chat, on lui pète dessus. Une fois qu'il est le chat et qu'il est couvert de vapeurs fétides, l'autre doit répliquer avec une perle de sa composition.

Variantes du Jeu des pets

Le Ping-Pète

Deux joueurs pètent chacun à son tour jusqu'à ce que l'un des concurrents soit incapable de renvoyer la volée.

La Brigade anti-pets, alias la Poignée de porte

Ce jeu se joue en groupe tout au long d'une soirée – ou tout au long de la première année de fac. Les règles sont simples. Quand une personne pète, elle doit crier : « Sécurité ! » Si elle n'en fait rien et que le pet est remarqué par quelqu'un d'autre, ce dernier doit crier : « Poignée de porte ! » À ce signal, la faction de non-péteurs peut attaquer le péteur par tous les moyens qui lui sembleront inappropriés. Les coups ne cesseront que lorsque le péteur touchera une poignée de porte.

La Tarte au pet, alias le Doigt sur le nez

Quand un individu, au sein d'un groupe, discerne un pet, il pose l'index sur son nez. Tout le monde, dans la pièce, doit remarquer le geste et le copier le plus tôt possible. La dernière personne à s'en apercevoir doit publiquement manger le pet – et se manger l'humiliation infligée par le reste du groupe.

Le Caisse-Boxing

Comme le Ping-Pète, mais on peut également vaincre un joueur par K.O. en lui décochant un terrible uppercut de gaz qui le met hors d'état de poursuivre le combat.

Le Pet-au-Panier

Comme pour le jeu de la balle au panier pratiqué sur un terrain de basket, les participants tirent à tour de rôle en plaçant la barre plus haut à chaque pet successif pour ce qui est du volume, de l'odeur et du style.

Perle de sagesse

« Mais je résiste au diable, et c'est souvent avec un pet que je le repousse. »

Martin Luther

JE PÈTE · Certifié · JEU · vrai... · DONC JE SUIS

LE GRAND SPECTACLE

AVERTISSEMENT TRÈS IMPORTANT

Prière de procéder avec prudence. Mettre le feu à vos pets peut entraîner des brûlures dans des zones sensibles. Cela risque aussi de provoquer un incendie qui pourrait détruire votre maison et ce qui l'entoure. La perspective de voir des flammes jaillir de votre postérieur en vaut-elle la peine ? À vous d'en décider.

Il n'y a rien de plus spectaculaire (ni de plus incendiaire), parmi les prouesses en matière de vesses, que les pyro-flatulences. En d'autres termes : mettre le feu à vos pets. À cause de la difficulté et du danger que cela représente, de nombreuses personnes pensent que c'est juste une légende urbaine. Néanmoins, c'est un phénomène authentique.

Trois des gaz les plus courants dans les pets sont inflammables : le méthane, l'oxygène et l'hydrogène. Ce mélange unique, allié à une grande habileté et à un soupçon de chance, suffit à permettre aux simples mortels de vivre ce qu'a dû vivre Prométhée en volant le feu à Zeus. Si l'on peut dire.

Faites le plein

Comme nous l'avons vu au chapitre I, certains aliments et certaines techniques augmenteront la quantité de matériel inflammable. Comme il s'agit des gaz eux-mêmes et non de leur odeur, on visera plutôt le volume que la pestilence.

Choisissez bien votre tenue

Le feu... ça brûle. Eh oui. Et, suite à l'allumage raté d'un pet, les brûlures dans des endroits gênants n'ont rien de rare. Alors, en guise de

précaution, portez un pantalon ajusté fait de matériaux naturels – coton ou laine de préférence. Les tissus synthétiques comme le polyester et le Nylon peuvent facilement prendre feu, se coller à votre peau incandescente et compromettre sérieusement votre projet d'aller faire du cheval... ou de vous reproduire. En cas de doute, un jean en denim est un excellent choix.

Préparez-vous pour le pire et pour le meilleur

Trouvez un espace intérieur sans courants d'air, comme un salon ou un sous-sol aménagé. Gardez un extincteur à portée de main et éloignez les couvertures, les tapis, les rideaux, les chiffons gras, les feux d'artifice et les futurs employeurs. Baissez les lumières et la musique afin que tout le monde puisse profiter pleinement des merveilles qui s'apprêtent à sortir de votre derrière. Et n'oubliez pas d'être optimiste : demandez à quelqu'un qui possède un appareil photo d'immortaliser le numéro pour un usage postérieur.

Mettez-vous en position

Les spécialistes ont une prédilection pour la position sur le dos avec les jambes écartées, les genoux fléchis et remontés vers la poitrine. Cela devrait vous donner la meilleure vue possible sur le spectacle.

Allumez le feu qui convient

Il faut parfois attendre un certain temps avant que le pet soit mûr, alors choisissez un générateur de flamme facile à contrôler. Les bougies risquent de couler sur des zones où des gouttes de cire brûlante seraient malvenues. Les briquets en métal deviennent trop chauds. Un allume-gaz à long bec reste la meilleure option. Si vous êtes suffisamment habile, tenez vous-même la source de la flamme : vous êtes le seul à pouvoir juger du bon moment et du bon endroit où la pointer.

Envoyez les gaz

Maintenant que vous arrivez à la fin de ce livre, vous savez comment faire.

Confirmez l'allumage

Les pets sont parfois capricieux en ce qui concerne l'allumage proprement dit. Il faudra peut-être plusieurs essais, alors chargez quelqu'un de guetter de près le moment de la combustion (tout en gardant une distance de sécurité). Ce que vous cherchez, c'est moins une boule de feu dans le style des films de Michael Bay qu'une petite flambée d'une fraction de seconde, et parfois une traînée de flammèches le long de la couture intérieure de votre falzar.

Saluez

La plupart des gens mettent ce genre d'exploit tout en haut de leur liste de choses à faire avant de mourir, juste après l'ascension de l'Everest. Et vous venez de l'accomplir ! Félicitations ! Si, par quelque malheureux hasard, les choses ne se sont pas passées comme prévu, nous vous souhaitons un prompt rétablissement.

Pétons de rire

Qu'y a-t-il de plus drôle qu'un pet ?

Un autre pet.

Le Pasteur péteur, alias le Cow-boy culotté
Dans ce jeu, un individu tente d'exercer une influence sur l'emplacement d'un groupe de gens par le seul usage de ses flatulences. Tel un chien de berger conduisant un troupeau, le joueur se sert de décharges nauséabondes pour déplacer le groupe d'un côté à l'autre de la pièce – et même, si elles sont suffisamment toxiques, pour l'en faire sortir.

Pétomanes

Bienvenue chez les pros du prout

Certains se contentent de péter pour s'amuser – pour les rires, la camaraderie et la satisfaction personnelle. Mais d'autres cherchent à en tirer quelque chose de plus : ils rêvent de célébrité, de fortune et de fans obsessionnels. Ces pionniers ont élevé leur passion des vesses vers le plus haut niveau imaginable : devenir un péteur professionnel, ou « pétomane », comme l'écriront peut-être certains sur leur catalogue de vesses (également appelé CV).

Et cela n'a rien de nouveau. Il y a une longue lignée odorante et célébrée de péteurs professionnels. Certains peuples d'Indiens d'Amérique vénéraient Matshishkapeu (littéralement, « l'Homme-

Prout »), considéré comme un esprit puissant qui pouvait infliger des douleurs gastro-intestinales ou, au contraire, les soulager. Dans l'Irlande médiévale, les *braigetori* étaient des péteurs professionnels considérés comme des artistes importants. Voici quelques-unes des personnalités les plus renommées de l'histoire des pets.

Roland le Péteur

Il est mentionné dans une rubrique du *Liber Feodorum*, ou *Livre d'appointements*, un ouvrage du XIIIe siècle indiquant qu'il était chargé d'exécuter « *unum saltum et siffletum et unum bumbulum* » (un saut, un sifflet et un pet) chaque année, à Noël, à la cour du roi Henri II. Le roi lui a donné 15 hectares dans le Suffolk pour le remercier de ses, euh… de ses services.

Le Pétomane

Joseph Pujol est né en France en 1857. Dès son jeune âge, il s'est aperçu qu'il était capable de faire entrer et sortir de l'air par le rectum. Il a exploité son talent sur scène où il pétait des chansons, soufflait des bougies à l'autre bout de la salle et recréait le salut de vingt et un coups de canon. En 1892, il était l'une des principales

• FAIT SUR LES PETS •

Les bruits de pet que vous entendez dans *South Park* sont authentiques : ils ont été enregistrés par l'un de ses créateurs, Trey Parker, pétant dans un micro.

attractions du Moulin rouge et la coqueluche de Paris. Son nom de scène, le Pétomane, montre bien que c'était un péteur compulsif.

Monsieur Méthane

Né dans le nord-ouest de l'Angleterre en 1966, Paul Oldfield avait lui aussi un don inné pour les pets. Il a monté son premier spectacle à base de pets en 1991. Depuis lors, il a fait le tour du monde et il est passé à la télévision, notamment dans *The Howard Stern Show* et dans *Britain's Got Talent*. De nombreuses personnes le considèrent comme l'air-itier du Pétomane.

Fartman

Certains prétendent que ce super-héros (littéralement, « Proutman ») qui participe au *Howard Stern Show* est juste un personnage fictif. D'autres pensent qu'il existe vraiment. Quoi qu'il en soit, il est apparu pour la première fois au début des années 1980 et se sert de ses pets pour combattre le crime et pour s'envoler.

Terrance et Phillip

Ce duo de péteurs comiques anime le *Terrance and Phillip Show* dans le célèbre dessin animé *South Park*. Créés en réaction à une critique accusant *South Park* d'être un dessin animé mal fait qui se réduit à des blagues sur les pets, Terrance et Phillip ne font précisément que ça.

Vous

Maintenant que vous avez suivi jusqu'au bout ce séminaire sur les vesses, vous voilà qualifié pour devenir pétomane à votre tour. Alors lancez-vous, lâchez tout ce que vous avez et vous aurez bientôt le vent en poupe !

QUESTIONS FRÉQUENTES

Cul et air (Q & R)

Q : D'où viennent les pets ?

R : Voir pages 16-17.

Q : Quel type d'aliments puis-je manger pour péter plus ?

R : Voir page 19.

Q : Faut-il être gêné après avoir pété ?

R : Absolument pas ! Avez-vous lu ce livre ?

Q : Puis-je donner un autre nom à mes pets ?

R : Bien sûr. Voir pages 64-65 pour glaner quelques idées.

Q : Est-il possible de trop péter ?

R : Il est normal de péter 14 fois par jour.

Q : Je viens de péter en public. Comment éviter d'être accusé ?

R : Détendez-vous, agissez normalement, et voyez les pages 92-93.

Q : Puis-je mettre le feu à mes pets ?

R : Certainement. Voir page 119.

Q : Mon ventre est énorme. Suis-je enceinte ?

R : Peut-être. Voir page 52.

Q : Mes pets ne sentent rien. Est-ce grave ?

R : Allez chez le médecin. Vous avez un problème d'odorat.

Q : Une fille que je connais prétend qu'elle ne pète jamais. Est-ce vrai ?

R : C'est une menteuse. Tous les êtres humains pètent, même les filles. Voir page 46.

Q : Je viens de faire un pet dont je suis très fier. Comment le revendiquer ?
R : On peut revendiquer ses pets de façon verbale ou non verbale. Voir page 81.

Q : Mes pets sont géniaux ! Puis-je gagner de l'argent en pétant ?
R : Voir page 123.

Q : Puis-je péter devant mon copain ou ma copine pendant un dîner en amoureux ?
R : Seulement si vous êtes prêt à passer à l'étape suivante. Voir page 43.

Q : Puis-je péter maintenant ?
R : Ne vous retenez jamais de péter. Si vous avez besoin d'évacuer des gaz, lâchez tout !

Q : Si on pète dehors dans le froid, est-ce qu'on peut le voir, comme quand on respire ?
R : Sortez cul nu et voyez vous-même.

Q : Je n'arrive pas à relier ma nouvelle chaudière à l'arrivée de gaz principale, dans mon sous-sol. Que dois-je faire ?
R : Vous vous êtes trompé de manuel, mon vieux.

Q : Combien de temps s'écoule avant qu'une autre personne puisse sentir l'odeur de mon pet ?
R : Les pets puent immédiatement, mais l'odeur peut mettre entre 5 et 30 secondes à parvenir aux narines de quelqu'un d'autre.

Bon(s) vent(s) !

Perle d'humour

Qu'est-ce qu'un pet ?

Une crotte qui klaxonne avant de sortir du garage.

Remerciements

Les auteurs souhaitent remercier :
le professeur Stephen G. Bloom, érudit professionnel,
et le docteur Nina Strohminger pour leur expertise ;
Michael Ferrari, Derrick Pittman, Chris Barish et Mike Student,
des gars drôlement futés, pour leur com-pét-ence ;
Stephanie Kip Rostan et tout le monde chez Levine Greenberg
ainsi qu'Emily Haynes et tout le monde chez Chronicle Books
pour s'être intéressés aux pets ;
nos familles pour s'être moquées de nous dans notre dos ;
et enfin, toute notre gratitude aux pets pour nous avoir tous
tellement fait rire.

La traductrice remercie le docteur Sacha Pozner
et le docteur Dunstan Burke pour leurs lumières
et leurs traits de génie en matière de gaz.

À propos des auteurs

Ben Applebaum et Dan DiSorbo aiment écrire des livres sérieusement idiots. Ils ont réalisé plusieurs ouvrages en collaboration, notamment deux titres sur la bière : *The Book of Beer Awesomeness* et *The Book of Beer Pong*. Tous deux vivent et pètent dans le Connecticut, aux États-Unis.

Pour en savoir plus sur leurs pitreries, allez voir leur site Internet (en anglais) : www.baddideas.com.

Déjà parus :

In caca veritas
In pipi veritas
Par Josh Richman, Anis Sheth et Tebo